DALI M'A DIT

Louis Pauwels

DALI M'A DIT

ERGO PRESS

CARRERE

I.S.B.N. 2-86957-014-7

« Le meilleur livre jamais écrit sur moi. »

Salvador Dali

AVERTISSEMENT

Une amitié spirituelle me liait à Salvador Dali depuis trente-cinq ans. Il vient de quitter le monde visible et je dépose ces pages sur son tombeau.

Je l'aimais, je l'admirais, je crois que je le comprenais. Il ne paraissait extravagant que parce qu'il était exceptionnel. Je voudrais rendre sensible la puissance acrobatique de son esprit. Le but principal de ce grand excentrique fut d'exister de façon plus concentrique que l'existence ordinaire ne le permet. Jamais, jamais, même en ses longs derniers jours d'emmuré vivant, il ne se lassa de tenter de réaliser un projet mystique. Sa vie, sa pensée, son œuvre, jusque dans leurs aspects provocants, furent une ardente supplication pour décider Dieu à poser pour lui.

Voici l'histoire de ce livre :

Dans l'été 1967, je vécus les matinées en compagnie de Dali, chez lui, à Port Lligat, près de Cadaquès. Nous étions seuls. Nous causions. Il peignait. Nos thèmes étaient ses passions mentales. L'automne et l'hiver suivants, à partir de nos conversations, je composai les monologues daliniens que l'on va lire. Je me suis efforcé de restituer en langage clair son discours le plus sincère et le plus profond, du moins tel que celui-ci retentissait en moi. Dali a soigneusement relu mes textes et y a ajouté quelques notes que l'on trouvera ici. Il considérait ce livre comme son portrait le plus exact et le plus digne de le représenter. Vingt ans après, dans sa demeure pré-funèbre de Figueras, quand je vins, à sa demande, l'embrasser pour un adieu, il tint, de sa voix devenue presque inaudible, à redire devant témoins : « Le meilleur livre jamais écrit sur moi ». Mais c'est qu'il avait mis, dans nos matinées de Port Lligat, l'essentiel de lui-même.

Une première version de cette œuvre commune parut au printemps de 1968. Le Mai historique l'effaça aussitôt. Ces pages sont donc demeurées confidentielles jusqu'aujourd'hui. Les voici publiques au moment où le glas sonne pour cet immortel. Dieu veuille qu'elles ajoutent à la gloire de mon fantastique ami.

I

POUR COMPRENDRE DALI

J'arrivai à la fin du jour. Cadaquès est au bout de la route taillée dans les contreforts pyrénéens. On le découvre brusquement, au pied de la Sierra de Rosas, architecture impeccable, étagement de maisons d'un blanc pur le long d'une baie lumineuse. Je n'y pénétrai pas. Je souhaitais voir d'abord Port Lligat. C'est un abri de pêcheurs, plus au nord. Sur cette dernière crique avant les tumultes et les monstrueux rochers gothiques du cap Creus, Dali a bâti sa « prison spirituelle ». Il faut tourner tout de suite à gauche. J'entrai dans un enfer râpeux. A flanc de monts pelés tourne, entre des murets de poussière, un chemin raviné. Au-delà des courts plateaux de terre et de pierre, la mer semée de roches déjà noires. Le vent s'était levé, par secousses rageuses. Je tanguais, vitres relevées, dans un nuage de sable et de cendre. Le crépuscule fut rouge. Un petit homme vêtu de noir, béret enfoncé jusqu'aux sourcils, me héla, me pria de le déposer au village de vacances jeté à la pointe, sur le roc, dans un tourbillon d'écume et de tramontane. Sitôt assis, il borna sa compagnie à un gloussement continu et stupide. Je roulais avec le fou, surveillant ses mains, dans ce paysage de fureur désolée. Je passai Port Lligat. Je vis en rêve des barques sur les cailloux et, au bas d'un amphithéâtre de vignes mortes, la maison de Dali, minuscule village de cabanes, murs de chaux que le soir rosissait, surmonté de monumentaux œufs de plâtre et d'un pigeonnier hérissé de fourches. Dans un nouveau nuage de poussière, j'atteignis la pointe et déposai mon séminariste dément à la tête de vieux dans son camp minéral ; le vent fouettait les lampes et déchirait la musique. Je fis demi-tour, je gagnai Cadaquès par cette route de tragédie mexicaine. Entre une île obscure et la colline, l'eau de Port Lligat était plate, couleur d'acier. Des lumières s'allumaient chez Dali, faisant briller les œufs, révélant une coupole translucide au-delà des toits de tuiles, entre des oliviers. Cahotant, enveloppé de terre volante, j'apercevais cette dure paix. Lorca avait écrit dans son *Ode à Dali* : « Ne regarde pas la clepsydre aux ailes membraneuses, ni le dur fossile des allégories, pendant que ta vie fleurit sur la mer... ».

Je connais Dali depuis longtemps. Je n'ai commencé à le comprendre qu'en séjournant auprès de lui, à Cadaquès, aidé, pour pénétrer un pays qui ne se livre pas d'emblée, par son plus attentif et scrupuleux biographe, Robert Descharnes. Je ne tenterai pas ici une explication de Dali. Son salut tient à ce qu'il a su se voir lui-même émerger de ses tensions aliénantes, et porter sur son cas un regard d'une acuité héroïque. C'est, je crois, le seul possédé qui ait su s'exorciser lui-même, être à lui-même sa propre Inquisition, et conquérir une parfaite possession de soi. L'unique explication véridique de Dali ne saurait être donnée que par lui. Il n'est que de lire son étonnante *Vie Secrète* pour s'en assurer. Dali est aujourd'hui un homme qui n'est déconcertant que dans la mesure où le génie l'est. A qui prend la peine de l'interroger avec sérieux, respect et affection, il apparaît d'une rigoureuse cohérence. Son excentricité de surface correspond à la plus féroce concentricité interne. Nous n'agissons comme tout le monde que par consentement à ignorer ou trahir notre centre. Dali est en constant état d'attention au noyau dur de sa personne. Il faut s'entendre sur les provocations daliniennes. Elles sont de deux sortes. Il y a le jeu. Dali s'amuse ; c'est son droit ; il l'a payé de misère et de sur-efforts. Il y a le fanatisme de l'exactitude. Dali passe d'un coup de l'esprit à la lettre. Il exprime, littéralement, sa pensée ou son intuition, par l'image ou le geste le plus légitime, en sautant les intermédiaires du discours rationalisant. Il brûle l'étape civilisée. Il sert sa vérité crue. Certains s'en détournent, écœurés, l'appelant folie ou farce. Ce fanatisme de l'exactitude et cette permanence de l'attention font qu'il ne tolère pas d'accommodements avec ce que nous nommons le réel. Il ignore les pactes de non-agression. Il vit tendu dans une sorte de guerre sainte. Il écrivait déjà en 1930 : « La réalité, simple amnésie de médiation. » A chaque minute, il inflige au réel le démenti d'une réalité interne plus juste. S'il y a chez Dali un violent orgueil, — accompagné d'exquise gentillesse dans le privé —, il est de nécessité. Un homme qui porte en lui de grandes choses, et n'en a pas d'orgueil, est perdu. Humiliées, les grandes choses maudissent leur séjour. Cet homme devient plus petit et vil que le moins habité, loi implacable. Il faut voir en Dali une personnalité consacrée au service et à la dévotion du génie. Cette personnalité ne donne aucune prise au quotidien, aux rapports mous, aux tiédeurs du sociable. Elle n'a rien de civil. Elle est armée et clergé, aussi insolite, dans le train de la vie ordinaire, qu'un défilé militaire ou une procession. Quand nous nous retrouvons, il me tend les bras. Nous approchons l'une de l'autre nos joues, mais sans effleurement : baiser d'hommes d'armes ou de moines. Dans son élucidation de lui-même, Dali n'a cessé de proclamer que son génie était indissociable d'une patrie, de la nature et de l'âme catalanes et, plus précisément, de Figueras et sa région. Son esprit s'occupe sans relâche à densifier un univers personnel farouchement délimité : en faire un grain de substance absolue, qui aurait donc une valeur universelle. C'est pourquoi l'on ne saurait saisir cet enragé d'enracinement sans aller voir, sentir, toucher ses racines.

Dali est né le 11 mai 1904 dans la petite ville marchande de Figueras. Il a passé tous ses étés d'enfance sur la côte de Cadaquès d'où son père, notaire, était originaire. C'est à Cadaquès qu'il a rencontré, en 1929, Gala. C'est dans son propre pays qu'il a construit son amour, sa personne, son œuvre, sa demeure. Chaque printemps l'y ramène, l'y attache jusqu'aux débuts de l'automne. Ailleurs, à Paris et New York, il campe dans des palaces ; il y vante et vend les fruits cueillis chez lui.

Trente kilomètres séparent Figueras de Cadaquès. On a l'impression de traverser une immensité resserrée. Cette impression ambiguë échappe au souvenir ; chaque voyage la ressuscite. C'est que la nature est d'une fixité absolue, plantée, architecturée définitivement, et cependant d'une variété puissante. Plaine de l'Ampurdan, avec ses brusques verdures basses. Collines des Albères, herbe sèche et pain grillé, qui prennent figure de hautes montagnes. Sur la route des ravins, on voit la baie molle et jaune de Rosas, lande bavante, avant de plonger tout à coup sur le décor compact de Cadaquès cerné par de rigoureux étagements d'oliviers. Les maisons blanches, entre le rivage abrupt et les monts en demi-cercle, occupent l'espace pour l'éternité. Cadaquès, sur une mer rocheuse aux couleurs bretonnes, apparaît de dos, entre des caroubiers, groupé autour de son église raide, tel que Dali l'a peint avec le désir de « condenser toute la cosmogonie dalinienne en un seul paysage ».

Ce village marin devenu célèbre, d'une netteté si parfaite extérieurement, décourage vite son hôte, le tourmente, le décompose. L'eau douce manque. Les rares cafés à terrasses ont l'air d'avoir été récupérés gluants d'un naufrage. L'ordure s'amasse dans les ruelles et les chemins poussiéreux des contreforts. Pas de plage. La nuit tout de suite close au sortir de restaurants inconfortables. Quand la tramontane, qui envoie ses coups en désordre, par accès furieux, cesse d'affoler et de déchiqueter l'âme, le lourd vent marin apporte une humidité poisseuse. Sous le ciel bleu, hors le laiteux des murs, du gris vert, des ocres. Le lichen mange les toits. Dans les maisons, les seules fleurs sont les immortelles, couleurs éteintes, rêches et crissantes. Le sublime n'est pas maternel. Un accueil pur et de l'inhospitalité. Une juxtaposition de dur et de mou. Un éclat de virginité armée et des sensations morbides, parfois de panique. Des formes triomphalement hiérarchisées, et les relâchements d'une agonie hystérique. Cadaquès fait songer à l'agate dont parle Dali parlant de lui-même : « produit de la contrainte la plus forcée d'un milieu colloïdal emprisonné dans une structure rigoureuse ». Poussant les contradictions au lyrisme, les Pitchot, famille d'artistes, gens de luxe qui émerveillèrent Dali enfant, jouaient de la musique classique sur les rochers tourmentés assaillis d'embruns collants. Les nuits de fête, ils lâchaient leurs cygnes sur la mer, couronnés de petites bougies allumées.

Port Lligat signifie port lié, ficelé, attaché avec des nœuds. Une photographie justement choisie, dans l'album *Dali de Gala*[1], le représente au lever du jour : ciel et eau jaune gris, îlots bruns. Les pêcheurs du cap Creus y avaient leurs cabanes à nasses et filets. Lieu aride, c'est, comme le signale Dali, l'image la plus éloignée de la Méditerranée qui soit, et, pour la lumière fine, souvent morose, diaprée, un Delft méditerranéen. « Là, dit encore Dali, j'ai appris à limiter et limer ma pensée. » La maison, assemblage de cellules, est piégée à ras de l'eau par les collines mortes que domine la ruine d'un moulin. Au-delà de la crique, la mer vite remuée par les vents brusques entre des rocs ciselés. Lorsque Dali, chassé par son père, chercha refuge avec Gala, seule Lydia la démente, soupçonnée de sorcellerie, elle-même rejetée par le pays, l'aida. Elle possédait une baraque où le couple s'installa : abri de quatre mètres sur quatre. Une à une, les autres cabanes furent achetées, reliées par des marches et des couloirs, dédale de chaux. « Notre maison a poussé exactement comme une véritable structure biologique, par bourgeonnements cellulaires. Le nucléus en fut le délire de Lydia qui nous fit cadeau de la première cabane. » Pendant plus de vingt ans, on accéda difficilement à Port Lligat par terre. On joignait Cadaquès en barque. Tout arrivait par les pêcheurs, même le charbon. Pour Dali et Gala, chaque arrivée au printemps, chaque retour à l'automne, était homérique. La nature résiste aussi à l'or. En dépit de la fortune, le confort mit plus d'un quart de siècle à venir. Trouver sa juste place dans le monde, même si cette place est sauvage, inter dite. Accepter le maximum de difficultés, d'efforts et de patience pour un maximun de jouissance légitime. Dans ce paysage dépouillé, au pied de la maison sévèrement fermée qui a une rigueur mauresque, au bout de la crique, il y a un lieu moite et mou où Dali, invisible des curieux, descend se baigner le matin. Il y loge des cygnes, en souvenir des Pitchot. Des déjections et des plumes trempent dans la vase où s'enfonce un piano à queue écaillé. L'eau peu profonde couvre un pelage d'algues filiformes. Il s'allonge, il s'enfonce dans son propre jus, prenant, comme il dit, « son bain de nouilles », le regard dans la dureté environnante.

A une demi-heure de barque commencent les amoncellements rocheux du cap Creus, capitale déserte de la patrie dalinienne. Les Pyrénées meurent en mer dans une gesticulation paroxystique. Repère fameux de la navigation méditerranéenne, ce cap, que les Anciens dédièrent à Aphrodite, est hérissé de figures taillées par la tramontane. Fonds garnis d'aiguilles, dalles dentelées et percées de milliers de petits cratères comme le sol lunaire, semées de cailloux réduits en dragées. Sur les hauts rochers, comme en travaillant une pâte, le vent a fait des orgues, des plissés et des modelés monumentaux : tête d'Indien, taureau, tigre, aigle, tortues, griffons, rats, chevaux. Temple marin des métamorphoses ; ductilité fondante des images oniriques ; scies et couteaux féroces des rocs. On part le matin. On se coule dans l'eau claire, tiède, tapissée de champs d'oursins. Le ciel flatte un théâtre de carton roux. On revient dans la tempête, secoué, giflé. Les figures ont baissé leur visière ; des herses défendent les côtes et les îles ; on sera noyé ou déchiqueté au pied des fantômes rigides. Le notaire Dali promenait ses enfants au cap Creus. La vie se déploie entière, passé, présent, futur mêlés, dans des instants privilégiés d'enfance. Excursions à Creus. Visions, plus tard, des promontoires du rêve, des caps de la psyché. Dali est le cap Creus. Il est un repère tragique, hérissé, de la navigation intérieure. Il est un lieu d'épreuves et de métamorphoses où des échanges s'opèrent entre le ductile et le rocheux, où le délire aspirant devient formes triomphantes, l'angoise illumination, le délire armure exacte, l'onirisme liquide structure granitique. Il a écrit : « Dali doit se mimétiser avec le cap Creus ». Et : « Ma paranoïa a la permanence et la dureté analytique du granit. Les sables mouvants de l'automatisme et les rêves s'effacent avec le réveil. Mais les rochers de l'imagination sont toujours là ».

La dernière cathédrale d'inspiration traditionnelle a été conçue et commencée, au début du siècle, par l'architecte catalan Gaudi, à Barcelone. C'est la Sagrada Familia. Francesco Pujols, philosophe inconnu, autre Catalan mystique, disciple de Raymond Lulle, écrivant une louange à Gaudi, assurait que Dieu devait recevoir en Espagne son ultime grande célébration et son coup mortel, et qu'on y élevait la fabuleuse Sagrada Familia comme on engraisse un porc avant de l'égorger. Cette cathédrale, surgie du rêve des graveurs visionnaires romantiques du XIXe siècle, est architecturée avec une extrême rigueur géométrique, comme en témoignent les substructures, encore visibles. Mais elle semble recouverte par la géologie bouillonnante du cap Creus, enrobée par les houles figées de la Création. En catalan, Gaudi signifie jouir et Dali désir. Faire d'un seul lieu, par la profondeur des émotions viscéralement reçues, par analyse et par aimantation de toutes les convergences possibles, son monde, le monde et le point fixe du divin. Le cap Creus est à la fois le dernier grand sanctuaire du Seigneur et la figure immortelle, sur la mer, d'une âme sauvée par ce désir.

Pour les gens du pays, Monsieur Dali désigne le père. Un notaire espagnol avant-guerre, pour une population passionnément attachée aux biens et aux affaires de famille, jouissait d'un prestige au moins égal à celui du curé. Médecin des sous, médecin des âmes ; le médecin des corps passe après : vivre compte moins qu'assurer la continuité. Dali n'est que Salvador. Quand il se réfugia à Port Lligat, voici trente-huit ans, c'était l'exilé. Des familles érudites, à la

« belle époque », avaient redonné à la Catalogne un éclat intellectuel et artistique. Elles avaient leurs demeures d'été sur la côte, y attiraient les créateurs. Eugenio d'Ors et Picasso prirent pension chez la Lydia, veuve de pêcheur, à Cadaquès. Délirante, elle crut le reste de sa vie qu'Eugenio d'Ors l'aimait, n'écrivait que pour elle. Elle lisait sans comprendre ses ouvrages, ses articles dans les revues de l'élite, les interprétant comme des messages, mots dansants à travers son feu de Religieuse Portugaise. « Et vous verrez, disait-elle, Salvador sera un nouveau Picasso. » Aujourd'hui, un grand ours naturalisé couvert de bijoux orne l'entrée de la maison de Dali, Totem de la passion de Lydia, Eugenio d'Ors se nommant lui-même « fils de l'ours ». Les pêcheurs du cap Creus venaient à pied à Port Lligat prendre leurs filets et leurs barques. Les nuits étaient désertes. Seul voisin de Gala et Dali, un autre maudit. C'était un curé défroqué qui vivait misérablement en fabriquant des pipes. Au crépuscule, il commençait à boire, entrait en fureur. Entre les accès de tramontane, on entendait des hurlements jaillir de sa cabane : il fouettait ses deux femmes.

La région engendre quantité de lunatiques au caractère fort, fanatisme hérité des Arabes, goût de l'homérique venu des Grecs. Peu accessible par terre, largement ouverte sur la mer, elle a reçu les sangs des aventuriers méditerranéens. On ne se marie pas à l'extérieur. Les hommes allaient tenter fortune à Cuba ou en Argentine, mais revenaient épouser et rentraient mourir. Sur les tombes, toujours les mêmes noms ; peu de familles, inextricablement emmêlées. Pays d'idées fixes et de singularités. « Les gens, dit Dali, sont les plus grands paranoïaques produits par la Méditerranée. » Effet des origines, de la nature, des conditions de vie, du vent, et, ajoute-t-il, de l'uranium souterrain. Les étrangers qui s'y fixent ont, pour la plupart, quelque bizarrerie. Des artistes alcooliques viennent chercher le salut dans ce retirement ; une paix vénéneuse maintient leur soif.

Il y avait un vieil homme qui, retour d'Amérique, tenait à Cadaquès une échoppe capharnaüm. Il vendait de tout un peu sur les étagères poussiéreuses : du papier carbone, un dessus de cheminée en biscuit, des clous, un moulin à café, des enveloppes, des prises d'électricité, du poivre, des boîtes, de la colle, une scie, des paniers, et les tableaux naïfs qu'il peignait. A soixante-quinze ans, l'amour d'une petite jeune le saisit ; il guettait ses passages derrière sa vitrine innommable. La veille de Noël, il la vit au bras d'un garçon. Le soir tombé, il mit son manteau, sa casquette, un foulard de laine pour ne pas prendre froid, et s'en fut se pendre dans la rue, à un balcon. Dans la nuit, les rares promeneurs crurent voir un mannequin blanc, un bonhomme de neige accroché. C'est le curé qui le découvrit, le lendemain matin, et l'émotion l'empêcha de dire sa première messe.

Il y avait, au village d'Ortis, dans la plaine de l'Ampurdan, un cordonnier. Sa passion était de diriger la musique. Quand les chœurs s'élevaient dans l'église, il sortait de sa travée et battait la mesure. Il guettait les enterrements, les mariages. On le chassait. Il réapparaissait aux fanfares, aux sardanes, les bras levés, les mains tourbillonnantes. Quand le vent souffle sur la plaine, des pierres et des tuiles volent, on se calfeutre. Il y eut une tempête formidable. Debout sur la place, il commandait aux éléments, conduisait les claquements et les souffles, et il est mort, d'une explosion du cœur, en dirigeant la tramontane.

Ce sont des héros. Honneur à qui dérange le coutumier et oblige le réel, comme le rocher la mer, à se briser et écumer. Le quotidien, l'anodin lui-même, doit se faire Odyssée, légende, théâtre. Quand Dali raconte l'Homme qui Crachait, il convoque Homère et Schéhérazade.

Le gros monsieur de Figueras avait l'estomac dérangé et un catarrhe colossal, mais il condensait éructations et expectorations en une seule cérémonie qu'il donnait à huit heures et demie précises, devant sa porte. Dès huit heures, des voisins et les enfants se rassemblaient. Le monsieur apparaissait, la poitrine hoquetante, le visage rouge, les yeux exorbités, sa forge allumée, raclements et ronflements infernaux. Le crachat, préparé depuis la veille, s'amassait entre larynx et diaphragme, roulait dans les conduits ses filaments avec des sifflements éperdus et des engorgements tumultueux. Au quart, on répandait de la sciure. A la demie, dans un cri de dragon, les lèvres violettes gonflaient une bulle visqueuse, et une énorme flaque de boue blanchâtre, vivante, veinée de vert, de rose, de brun, s'abattait sur la sciure avec des spasmes, des torsions, des bouillonnements.

Dali conteur : la puissance transformatrice de l'enfance, la dramatisation liturgique des primitifs, l'écho des rhapsodies antiques. Pour les natifs, toute figure et toute impression subit les modelages et affecte les gigantismes du cap Creus.

La passion de l'enracinement fait du pays le centre du monde, le cœur créateur et réceptif de la planète. Ils s'alimentent de leur terre comme les Indiens Huichols du peyotl, couleur de terre, pour qui cette plante est la nourriture et la médecine, la substance même des dieux, le support harmonique des étoiles, la source de chaleur du soleil. Tout rayonne à partir d'un seul lieu ; tout converge sur celui-ci ; chaque événement devient mythe universel ; gens et choses d'ici sont le répertoire analogique de Dieu.

Passion de la verticalité : que tout s'élève à la signification transcendante et que le héros perce en chaque homme. L'exhibitionnisme est déification ; chacun s'en trouve soulevé. Unamuno n'écrivait qu'au café. Quand il mettait un point, aux tables voisines on criait : « olé ! ». Du même mouvement qui persuade Dali que la perfection des nautiles de la baie a engendré chez Dieu l'amour des anges, l'auteur du *Sentiment Tragique de la Vie* souhaitait que, pour son salut, l'Europe fût espagnolisée. Eugenio d'Ors voyait l'Occident ensemencé par la tradition catalane. Pujols montrait que le classicisme français est un germanisme masqué, une trahison de l'héritage, et il se prononçait, non pour la séparation mais pour l'hégémonie de la Catalogne. C'est pour jouir des fonds admirés du haut des rochers du cap que Monturiol construit le premier sous-marin. Un autre Catalan invente les mathématiques de l'histoire ; son délire lui annonce la victoire définitive de l'Allemagne ; Hitler se suicide ; on attend le prophète en riant sur la place où il écrit son traité ; il ouvre les journaux et continue son chapitre. L'histoire, comme les paysages, comme les êtres, est un état de l'âme.

Leur irréalisme est fou de précision. Quand on construit la gare de Figueras, le père de Dali n'a jamais vu de trains ; des amis lui racontent que le chemin de fer transporte sans heurts ; il achète un verre de bière servi à ras bord et va se placer sur les rails. Leur croyance est absolue dans la lettre, le mot, la chose, parce que l'autre monde est dans celui-là, comme les douces chairs et la rosée de la femme sont dans la coquille hérissée de l'oursin. Leur familier est sacré, leur mysticisme réaliste. L'église de Cadaquès, que Dali appelle son « Parthénon enfantin », est géométrique, passée à la chaux, couverte d'un maigre toit de tuiles à deux pentes. Mais un immense autel baroque, grotte fondante, répand, des voussures aux dalles, des flots d'anges, de saints, de bourgeons, de torsades d'or. Les anciens pêcheurs, pour le pardon, l'ornaient encore en accrochant aux stalactites dorées des langoustes vivantes dont l'agonie convulsive enrichissait la messe, évoquait la Passion.

Les tours de la Sagrada Familia lancent très haut dans le ciel de Barcelone des palmes de pierre, parce que Gaudi enfant rêvait sur trois palmiers aperçus au-delà du mur. Le dernier constructeur gothique demandait aux paysans leurs bébés morts pour mouler des angelots. Les visiteurs de l'extraordinaire chantier étaient photographiés ; Gaudi choisissait ainsi les saints des proches ; il convoquait le passant pour l'enrober de plâtre, en faire Jean ou Saint Michel. L'universel est dans le profondément localisé ; ce que je touche doit être éternisé ; mes racines ont leur double au ciel.

Une génération sépare Dali de Picasso. Ce dernier achève, dans tous les sens du mot, l'art du XIXe siècle. Dali, trente-cinq ans à la guerre, l'intelligence dévorante, une mysticité à l'état sauvage, est déjà un esprit en proie aux mutations modernes qui brassent tous les âges. Tandis qu'il hiérarchise sa libido, conquiert son délire, s'unifie par l'amour, structure sa personne, calcifie sa carapace, rassemblé au point fixe de son pays d'enfance, il cherche, par un même besoin d'unité, le centre immobile de ce tourbillon des époques. Ivre d'éternel et de légitimité, il conjugue le futur au mode antérieur. Il cherche, il attire avec fanatisme les signes d'une seconde Renaissance qui réactualiseraient les valeurs individuelles, spirituelles, religieuses, rendrait son empire à l'esthétique et revivifierait en tous domaines à la tradition. Il ne se contente pas de souhaiter, il appelle. Ce centre fixe des siècles tournoyants n'existe pour lui que dans la mesure où il est lui-même centré ; tout dépend de la puissance de son appel et de la qualité du lieu d'où il appelle ; la vérité d'ensemble dépend de sa propre vérité ; il est mage. Il participe de la vieille pensée qui joint chaque chose à la totalité, clavier d'analogies, voit dans la mort d'un arbre l'extinction d'une étoile et rend comptable chaque homme de l'équilibre de l'univers. Dans cet effort démesuré où chaque geste est cependant l'objet de calculs délicats, Dali exploite donc la totalité de son être. Il est mobilisé par son art, mais plus encore par une personne qui se veut artiste d'immortalité. Créer lui importe, mais davantage manifester. Dans son centrifugeur de Port Lligat, il est un torrent d'énergie joyeuse. Levé avec le jour, il peint toute la matinée dans son grand atelier ordonné. Mais qu'il peigne, parle, se baigne, reçoive, il réfléchit, médite, imagine tout le temps, fait attention et se souvient tout le temps. « Tu es », disent les primitifs pour dire bonjour. Le « bonjour ! » de Dali, articulé nettement, lancé au visiteur comme un fruit rond, compact, dur, accompagné d'un raidissement et d'un léger recul, est ce salut et l'affirmation qu'être c'est être différent. Le principal but de sa vie est d'exister.

Plus nous émergeons du sommeil intérieur, plus apparaissent des liens entre les moindres circonstances de notre vie, les gens, les choses qui nous entourent. Le sentiment de solitude et l'idée de hasard s'évanouissent. Mille relations signifiantes nous sont révélées, et il nous vient dès lors à l'esprit que tout l'univers, à l'image de notre monde individuel, est un système de correspondances. L'éveil déploie les analogies et l'âme donne de l'âme à toute la nature. Dali est sans cesse occupé à relier pour légitimer.

Son imagination s'emploie, non à inventer de l'irréalité, mais à réduire l'écart entre les choses réelles. Il ne déforme pas la réalité, il la transforme, ou plutôt la rend à sa ductilité première afin de libérer ce système de correspondances. « Qui, dans ses féeries harmoniques, dit Charles Fourier, se montre bon casse-cou audacieux, esprit indépendant, homme à idées neuves, peut bien avoir percé quelque mystère. »

Un soir où, par exception, nous étions seuls dans le patio blanc, nous buvions comme à l'accoutumée le champagne rosé, écoutant l'unique disque éraillé, Tristan et Yseult, et bavardant. A la fin du jour, Dali s'habille, met un gilet d'or, une cravate écarlate, une veste de peau de panthère, et prend une canne d'apparat. Il a travaillé, imaginé, rêvé dans la joie, pareil à Boldini qui s'enthousiasmait devant son chevalet jusqu'à entonner La Marseillaise et couronnait à l'avance son succès en peignant sur son front du laurier. Venus on ne sait comment par la colline, apparurent deux personnages silencieux vêtus de noir. Ils étaient jeunes et pâles, les yeux troués par la drogue, météorites lunaires. L'un des androgynes portait une courte robe de voile transparent et des cothurnes lacés jusqu'aux genoux, l'autre une tunique à haut col et un pantalon filiforme. Dali offrit cérémonieusement une fleur de jasmin, questionna, n'obtint rien. Ils allèrent s'asseoir à l'écart, dans la petite salle à manger d'été, leurs mains translucides enlacées sur la table d'ardoise entre un bouquet de chardons et l'énorme théière de plâtre ouvragée du chapelier fou d'Alice. Nous les laissâmes ; ils finirent par s'effacer dans la nuit. Le lendemain à midi, nous allâmes au cap Creus. La mer était immobile, l'air très chaud et moite. Léger parmi les éboulements coupants, Dali me mena voir le rocher étrange qu'il a peint et chanté sous le nom du

Grand Masturbateur, « son immense nez appuyé sur le parquet d'onyx, ses énormes paupières closes ». Le pêcheur cueillit des moules : nous fîmes un feu de brindilles pour les ouvrir. Nous nous coulâmes dans l'eau mate entre les aiguilles de granit et les oursins. Dans « cette géologie qui dort sans sommeil », nous rencontrâmes des vacanciers, grenouilles insolites, mal placées dans ce paysage dont Dali me dit qu'il est celui des dieux et des morts. Et ce temps hypercalme, me dit-il encore, aimante la mort. Quand nous mîmes le bateau sur la grève, devant la maison, six marins portaient une civière. Ils montaient lentement l'escalier de pierre. Deux femmes en tablier, les épaules serrées, les mains sur le ventre, les regardaient passer, hébétées. Un pêcheur de corail de Port Lligat venait de mourir de l'ivresse des fonds. Dali embrassa les femmes. « Maintenant, nous pouvons être tranquilles, me dit-il. Nous avons salué la mort toute la matinée, et ce mort part travailler pour nous. Le feu avait du mal à prendre, les moules étaient longues à s'ouvrir pendant qu'il se refermait sous la mer. Hier soir, la mort est venue chez moi avec ces deux drogués funèbres, le pêcheur de corail la remporte ». Religieux : sans répit occupé à relier ; les doigts du rêve toujours actifs, agiles à nouer les fils.

Obnubilés par le collectif et l'extérieur, nous considérons notre richesse et notre puissance. Si Dieu revenait en Occident et sondait un à un les cœurs, quelle compassion lui faudrait-il ! La plupart des vies, dans leur profondeur, sont blessure, incertitude, angoisse, solitude, dispersion, renoncement. Dans cette grande destinée massive, combien d'hommes, secrètement, ont pris en haine ou en tragique indifférence leur propre destinée ? Cependant, le morne consentement au non-être n'est pas une fatalité. De fortes individualités réfractaires viennent nous rappeler que nous sommes négatifs dans la mesure où nous le voulons bien et que l'exception seule change le cours des choses. Dieu veut des dieux dans les hommes. En ne renonçant pas à nous-mêmes, nous repoussons le fatum ; nous nous changeons en destin.

Pour ce qui regarde nos profondeurs, il serait temps de revenir au réel, c'est-à-dire au sacré, et de reconnaître, en dépit des apparences dont nous enveloppe le gouvernement des ingénieurs, « la persistante vitalité d'une conception ésotérique du monde ». Force nous est d'y recourir, chaque fois qu'un esprit et une œuvre « soulevants », pour employer par deux fois les justes expressions d'André Breton, marqués du sceau de la révélation, nous imposent leur mystère. Il n'y a de grand art et de grande pensée qu'énigmatiques. La pensée qui calcule s'efforce de nous faire croire qu'elle est la seule pensée. La science et la technique intimident la connaissance intérieure. Il n'a jamais été si nécessaire que, récusant avec fracas l'illégitimité du spirituel, des hommes comme Dali défendent et illustrent, fût-ce jusqu'au délire, les facultés exploratrices du génie.

Novalis a écrit : « Le poète philosophe est en état de créateur absolu. » Ce livre est le portrait d'un créateur absolu. Encore nous faut-il restituer leur valeur à la philosophie et à la poésie. Pour Novalis, mort à vingt-neuf ans et dont la dernière vision fut celle de l'homme céleste originaire, la philosophie est nostalgie, aspiration à être partout chez soi. La poésie est l'art de mettre en mouvement le fond de l'âme ; de révéler l'individualité active ; de rendre manifeste le monde intérieur dans sa totalité. Selon ce « cœur productif », tout peut être encyclopédisé à partir d'une méthode qui libère le génie en soumettant ses plongées à une critique lucide. Le poète philosophe est bien le créateur absolu, parce que l'univers de chaque homme, s'il est saisi et vécu dans sa plénitude, est universel.

Et maintenant, laissons parler Dali.

(1967-1968)

II

DALI M'A DIT

Gala

Comment j'ai fait de mon père un usage gastronomique
Le grain de beauté de ma femme et celui de Picasso
Méditation para-scientifique et métaphysique
Pourquoi et comment ce grain de beauté clôt mon espace intérieur
Mes images mentales, ma lampe d'Aladin et l'orgasme conjugal
Comment l'amour et l'intelligence ont vaincu la folie
Si Gala mourait.

Elle m'apparut à Cadaquès, accompagnant son compagnon Paul Eluard. Le second matin de l'arrivée de mes amis, pour elle, ivre du désir de retenir son regard, je me rasai les aisselles et les peignis en bleu, je découpai ma chemise, je m'enduisis de colle de poisson et d'excrément de chèvre, j'ornai mon cou d'un collier de perles et mon oreille d'un jasmin. Quand je la retrouvai je ne pus lui parler, secoué par un rire dément, cataclysme, fanatisme, abîme, terreur. Le jour suivant, elle me prit la main, elle calma ce rire. Elle me dit gravement : « Mon petit, nous n'allons plus nous quitter. » Elle fut ma Gradiva, la guérisseuse des épouvantes, la conquérante de mes délires, l'amante aimant de mes forces verticales. Elle est Leda, la mère. Elle est Hélène, sœur immortelle de Pollux-Dali dont le Castor est ce frère génial que j'eus et qui se prénomma aussi Salvador. Les Dioscures avaient pour mission de guider les navires. Ainsi, allons-nous, orientés par nos Dioscures, moi pilotant la barque de notre vie, elle tenant la barre.

Gala est encore un Sphinx, mais secourable, qui, au lieu de m'interroger, interroge pour moi les énigmes et détient dans sa chair les réponses. C'est pourquoi je décrirai ma passion à partir d'un point minuscule de son corps de femme : un grain de beauté. Ce grain de beauté, situé sur le lobe de l'oreille gauche de Gala, est le lieu de concentration de ma vie affective dominée par le drame du père. J'ai dit souvent que mon père était à la fois Moïse, Guillaume Tell et Jupiter, mais je ne me suis jamais bien expliqué sur les origines de mes traumatismes. Mon père m'a infligé dès ma naissance, par un excès d'amour qui ne s'adressait pas à moi seul, mais à mon frère mort, une blessure narcissique par où ma raison faillit s'engouffrer et que mon génie est parvenu, aidé par Gala, non à fermer tout à fait mais à utiliser positivement. Je naquis double. Mon frère, premier essai de moi-même, génie extrême et donc non viable, avait tout de même vécu sept ans avant que les circuits accélérés de son cerveau ne prennent feu. C'est à cause de ce Salvador que j'étais le bien-aimé que l'on aimait trop. Il n'existe pas, pour le petit enfant, de choc plus catastrophique que le trop amour, et ce trop-amour-à-cause-d'un-autre-moi-même, j'allais le ressentir avec la violence et l'étendue que permet le monde symbiotique et indifférencié des premières années. Sur les bords de ce gouffre, j'allais ériger la forteresse gélatineuse de la paranoïa avec, comme appui rocheux, la présence massive, la puissance compacte de mon père, si vivement éprouvée que, lorsque je fis le portrait de celui-ci, je l'alourdis de plusieurs couches de peinture, obsédé par le besoin qu'un tel portrait pèse plus que tout autre. Or, si je suis un héros selon Freud, c'est que j'ai réussi à m'approprier la force de mon père. Le héros est celui qui se révolte contre l'autorité paternelle, finit par la vaincre, dévore son père, absorbe la Loi tutélaire, la toute-puissance, devient lui-même la Loi, le grand phallus. Chez les primitifs, le repas totémique est la représentation du parricide fondamental. Mais le héros dalinien, comme on va le voir, va au-delà, et parvient à absorber le père tout en provoquant sa résurrection dans les formes multiples et idéalement concrètes.

Le conflit avec mon père atteignit son paroxysme à cause de Gala. L'inflexible notaire de Figueras s'opposa au mariage et me ferma sa porte. Je fus partagé entre une grande amertume et l'exaltation de mon amour. L'amertume était teintée d'admiration pour le caractère dur et la cruauté espagnole de mon père. L'exaltation de l'amour s'enrichissait du sentiment intuitif que Gala devenait une représentation sublime et délectable de mon père. Ainsi, j'avais la possibilité de déguster dans Gala mon père à petites gorgées succulentes et, acceptant avec enthousiasme d'être en même temps dévoré par Gala, je cocufiais doublement Jupiter. En mon âme, mon père devenait le héros-vaincu-victorieux, mort et ressuscité sans venin, trahi et retrouvé, magnifié et trompé, héros dans le plus pur style de la triomphale ambiguïté dalinienne. Il se trouve finalement assimilé à mon système, ingurgité sans en avoir l'air et sans provoquer en moi aucun dommage. Enfin, glorifiée dans la mesure où son fils est glorieux, sa qualité de père est augmentée et le voici qui maintient son rang de Guillaume Tell, ce qui m'arrange infiniment.

J'ai toujours regretté, cependant, que mon père n'ait

pu comprendre que Gala était unique, qu'elle avait tout fait pour mon salut. Aujourd'hui encore, dans ma manière emphatique et agressive de célébrer publiquement mon amour, il y a le désir de le convaincre, d'avoir raison contre lui. J'aurai déployé toute mon énergie à faire de Gala l'une de ces Béatrice mythologiques que l'Histoire est contrainte de porter sur le dos, afin que mon père se retourne dans sa tombe pour la bénir. En dépit de son admiration pour moi, il ne pouvait pas ne pas voir les choses à la façon d'un notaire provincial. Il croyait que Gala était une droguée et qu'entraîné par elle je gagnais mon argent dans le trafic des stupéfiants, car il lui semblait invraisemblable que l'on s'enrichisse en peignant des montres molles. Rejeté par lui, je le gardais cependant en moi, plein de vénération pour sa forte personnalité, parce que j'avais essentiellement besoin de son poids, de sa densité, comme d'un point d'appui au sein de mes coulantes structures mentales. Sans le père ou l'identification au père, je risquais à chaque instant de régresser à un niveau archaïque d'enfance. Je risquais de voir se rouvrir et béer ma brèche d'origine. Dans une personnalité déjà spongieuse, où le délire s'infiltre, la disparition ou la décoloration du père est cataclysmique, et je devais le sentir, je devais en éprouver inconsciemment une peur panique, puisque mon père a toujours pris, par la suite, des formes de projection monumentales : Picasso puis Staline.

J'étais un après-midi avec Gala dans l'atelier de Picasso. Il était pour elle d'une gentillesse exceptionnelle. Evénement rarissime, il alla jusqu'à lui faire cadeau d'un tableau. Invitée à choisir, elle désigna par discrétion la plus petite des toiles cubistes. Comme elle se penchait pour prendre celle-ci, Picasso lui saisit l'oreille entre le pouce et l'index et s'exclama : « Mais vous avez exactement le même grain de beauté que moi ! ». Je m'approchai. Je touchai les deux oreilles. Je sentis ce même relief. Immédiatement, j'éprouvai un tressaillement, je sus que je tenais la preuve glorieuse de la légitimité de mon amour. De retour chez moi, dans un état d'enthousiasme, je me persuadai que ce grain ne pouvait que correspondre à une intersection des lignes de la section dorée et je n'eus de cesse de vérifier cette intuition viscérale. Je me plongeai dans les travaux du prince roumain Matila Ghyka, professeur d'esthétique à l'Université de Californie du sud. J'eus ensuite des conversations avec lui et je lus sa *Géométrie de l'Art et de la Vie*. Je retournai à Fra Luca Pacioli, ami de Léonard de Vinci et père de la Divine Proportion. Je découvris dans les tracés de régulation de Matila Ghyka, sur le visage d'une Suédoise, le point de croisement exactement situé sur l'oreille gauche, à la hauteur du grain de beauté de Gala et de Picasso. Je m'acharnai à découvrir la légitimité du mot : grain de beauté. Les Anciens, nourris de la science platonicienne des formes idéales, n'avaient-ils pas vu, dans certains grains, des points de repère de l'harmonie parfaite ? Ainsi, ce minuscule relief sur le lobe de l'oreille de Gala reliait mon amour à la passion du père et à la passion esthétique : à la puissance fondamentale et à la beauté absolue. Il prenait donc une valeur sacrée et, en touchant cette petite tache brune, je prenais une vive conscience de la cohérence de ma vie et de l'universalité de sa signification. Enfin, poussant à fond ce délire éclairé, je voulais voir dans ce grain de beauté, point de fixation des structures de ma personnalité, l'habitat de mon frère mort et le lieu de condensation de l'énergie biologique, un noyau glorieux de la matière vivante. Je fis venir un traité de physiologie et j'appris que la peau est une évolution progressive des cellules vivantes de la partie profonde, s'accompagnant de « mortification », la résonance mystique de ce dernier mot m'enchantant. J'appris encore qu'il y a continuelle déshydratation extérieure, kératinisation en même temps qu'action rayonnante de la lumière. Le soleil, imprégant les granulés de mélanine de la couche germinative de la peau, produit chez certains êtres les taches de rousseur banales, sans que l'on sache très bien pourquoi et comment. On ignore encore davantage comment apparaît le bronzé en relief du grain de beauté. J'imagine qu'un soleil intérieur, privilège des natures d'exception, imprègne du dedans cette couche germinative, se manifestant ainsi en surface par un grain de beauté, signature des architectures divines. Bien entendu, des individus ordinaires peuvent posséder une grande quantité de grains, jetés au hasard, éparpillés de manière prosaïque. Mais chez les êtres de texture psychique exceptionnelle, les grains seraient le reflet de ce soleil intérieur, de ce Dieu en eux. Un chercheur allemand, dont j'ai oublié le nom, s'est livré à d'innombrables études comparatives des visages humains dans toutes les races, pour aboutir, par décantation, au visage type de l'humain, à un schéma fixe de la beauté, schéma inscrit dans la morphologie de chacun, mais dont les affleurements sont infiniments divers. Travaillant sur des dizaines de milliers de photographies, il a montré comment ce pattern apparaissait en flou derrière chaque visage. Je me demande si ce pattern invisible et présent ne pourrait, chez certains humains très glorieux, se trouver contenu et résumé dans un seul grain de beauté indicateur de la section dorée. Ainsi, dans mon délire constamment alerté, ai-je peut-être découvert une signalisation universelle, un diagramme de la personnalité divine, la carte d'identité angélique de l'humain.

Il y a moins de folie dans ma méthode que de méthode

dans ma folie, et c'est pourquoi j'ai continué de dire que la seule différence entre un fou et moi est que je ne suis pas fou. Il était d'une logique toute monarchique, à l'intérieur de mon système, que je trouve, sur la peau suave de l'oreille de Gala, le sceau, le cachet de l'authenticité de ma passion, et, sous forme de cette pastille sacrée, l'hostie de la communion paternelle. Découvrir un tel signe sur Gala et sur Picasso me conduisait à une reconnaisance totale de moi-même et à la régularisation de mes hantises et vertiges. J'y voyais, de surcroît, l'étoile du génie de mon frère mort, moi qui naquis double. J'y voyais le point de clôture de ma personne et le point central de mon génie. Enfin, l'inconscient dalinien faisant apparaître Leda derrière Gala, la mère cosmique des jumeaux divins, je puis fermer la boucle et me permettre de posséder, en toute légitimité, mon père, mon frère, ma mère et la beauté. Ce grain de beauté, qui clôt le corps de Gala, clôt mon espace intérieur.

Que ma passion pour Gala se concentre sur ce point n'est pas seulement un effet de la réflexion. D'ailleurs, la réflexion n'est jamais, chez moi, une activité pure, mais une analyse et une hiérarchisation des pulsions internes. Dans la mesure où je suis un mystique espagnol, je suis un hyperréaliste, partant du concret pour y revenir, et je n'aurais pas été en alerte si ce grain de beauté n'était, précisément, la partie du corps de Gala que j'aime le plus toucher. Sans cesse, mes doigts se portent voluptueusement vers son oreille, et ce geste est inséparable de la plupart de mes méditations. Mon père, lui aussi, touchait en méditant. Dans des moments d'inquiète réflexion, il cherchait sur son crâne dégarni quelques cheveux et les recoquillait. C'était mon avenir qui l'angoissait. Il tortillait sa mèche entre le pouce et l'index et il pensait : « Ce garçon a des idées merveilleuses, mais il finira couvert de poux ; il conduit sa vie follement et ces choses qu'il peint sont démentes. » A force de méditation morose, il avait fini par transformer ses derniers cheveux en une torsade dure jaillissant d'un côté de son crâne, pareille à une antenne radio qu'il tirait pour entendre la voix de son chagrin. Moi qui ne connais aucune douleur, c'est pour augmenter ma joie de vivre que je touche. Quand je me sens inspiré, j'aime sentir sous mes doigts l'imperceptible relief de l'oreille divine, et il y a là quelque chose de liturgique, un rite et un retour aux sources.

Maintenant, je dois expliquer que ma passion amoureuse est, pour sa coloration mentale, de type proustien, c'est-à-dire qu'elle contient, dans chaque instant plein, une accumulation d'images et de sensations d'une acuité privilégiée. J'ai le don, acquis et grandissant, des instantanéités. Je ne peux éprouver de plaisir aigu si mon esprit n'est pas tendu d'une espèce de tissu où se superposent et jouent entre elles des images précises, lumineuses, de ce que j'ai déjà vécu. C'est une gaze impalpable, le ciel des fées dont la couleur est indescriptible, mouvante et changeante, un frémissement visuel.

Je suis dans une disposition lyrique. Je convoque sur l'écran de mon esprit des choses propres à m'enchanter. Gala est là. Alors je lui touche le lobe de l'oreille, et j'en fais ma lampe d'Aladin. Aussitôt surgissent, dans une simultanéité harmonique, tous les moments visuels culminants de ma vie. Tout doit apparaître en même temps. Par exemple, à cet instant même, il faut qu'il y ait le clocher de Gérone, celui de Delft, le soleil de Venise se couchant, une conversation étonnante que j'ai eue avec une femme, les chaleurs particulières d'un après-midi où je me suis masturbé, etc. Enfin, tout un opéra de moments enfouis et réapparaissant avec l'intensité d'un présent absolu. Je m'exerce de plus en plus à cette convocation des « présents » éblouissants. Aucune autre jouissance n'égale celle-ci en intensité, et elle n'est possible qu'à travers Gala. De même que, pour moi, tout l'univers physique converge dans la gare de Perpignan, tout mon univers affectif et visuel converge vers Gala, en empruntant ce réseau moiré où s'organisent des images de moins en moins nombreuses, mais de plus en plus intenses. Je limite la multiplicité au profit de la qualité de sensation. Ainsi beaucoup de visualisations finissent par ne plus servir à rien dans ma vie. Il y a décantation. Dans les jeux d'enfants ou dans les rêves, on décide subitement que tel objet, tel personnage, devient inutile ou gênant ; on l'efface sans effort, d'un seul coup de gomme de la pensée.

Par exemple, adolescent, je m'étais beaucoup masturbé dans le grenier en regardant le soleil descendre sur le clocher de Figueras. Je vis ensuite que ce clocher ressemblait à celui de San Narcisse, à Gérone. J'avais plus tard découvert une analogie avec celui de Delft. De sorte que, pour obtenir la jouissance, il me fallait maintenant rassembler sur le champ rétinien ces trois clochers en une sublime superposition, d'autant plus sublime que Vermeer de Delft avait peint une carte d'Espagne où figuraient Port Lligat et Figueras ! Malheureusement, ça ne marchait pas. Je partais mentalement de la carte de Vermeer en couleurs, mais je ne possédais du clocher de San Narcisse qu'une photographie noire. Et le pire était que, le clocher de Figueras ayant été rasé pendant la guerre civile, j'étais incapable de me le représenter nettement. De telles difficultés paralysaient le plaisir qui est lié, chez moi, à quantité de satisfactions satellites. Il me faut pouvoir disposer, en pensée, de tout ce que j'ai vécu de merveilleux : telle lumière, telle ombre, telle forme, telle couleur. C'est pourquoi, pour moi, tout est basé sur ce moiré, qui associe la mobilité hiérarchisante du regard, et donc de la peinture, aux délectations suprêmes de l'esprit sans lesquelles il n'est pas de jouissance charnelle vraie.

Je me suis efforcé de trouver en peinture l'effet de superposition d'images, et, le 17 novembre 1964, en gare de Perpignan, j'ai découvert la possibilité de peindre à l'huile dans la troisième dimension : par l'impression en surface de microscopiques patterns en forme de lentilles paraboliques inspirées de l'œil des mouches. Je peux, depuis, obtenir le phénomène stéréoscopique du moiré.

Pauwels me fait remarquer que mon désir de convoquer, en un instant de jouissance, tous les instants possibles et brillants du monde et de ma vie, n'est pas sans analogie avec le mythe de l'Aleph qui sert de thème à un récit de Jorge Luis Borges. Dans cette nouvelle, le héros descend dans une cave et, en un point de cette cave banale en apparence, voit, dans une instantanéité éblouissante, se superposer mille moments du monde et de sa propre vie, avec la force du présent. En ce sens, je suis comme ce personnage, quand je descends dans moi-même et que j'atteins le point, banal en apparence, situé sur l'oreille droite de Gala.

Toute ma vie mentale est faite d'enregistrement de visions en vue d'une superposition totale orgasmique. Il y a une partie de la rue de Rivoli que je trouve sublime, de l'hôtel Meurice à la place Vendôme. Eh bien, je la fais toujours « sortir » au dernier moment. Mais le plus important, c'est cette élimination d'images inutiles à laquelle je procède en vieillissant. Au fur et à mesure que je m'appauvris en images, celles qui demeurent prennent une acuité fabuleuse et me maintiennent à l'extrême pointe de moi-même, ou plutôt de cet éveil sans lequel je ne serais pas moi-même.

Ces images ne fonctionnent qu'avec Gala, qui est d'ailleurs le seul être en qui j'aie envie de me fondre. Je jure que je n'ai jamais fait l'amour qu'avec Gala. On refuse de me croire, car je consacre beaucoup de temps à inventer et à organiser des jeux érotiques. Je parlerai tout à l'heure de l'érotisme comme passion. Dans ces jeux, il m'arrive, bien sûr, d'expulser la tension, mécaniquement. Mais la vérité est que, comme peintre, j'éprouve surtout un plaisir cérébral de voyeur. J'aime contempler des corps animés par le désir, mais ce plaisir descend rarement dans les régions du sexe, et il ne m'est jamais arrivé de me livrer à une autre femme que Gala.

Avant de la connaître, j'étais persuadé d'être un impuissant. En me baignant, j'avais regardé les sexes de mes camarades et constaté tristement qu'ils étaient tous plus grands que le mien. En outre, j'avais lu un roman férocement pornographique, dans lequel le Casanova de service racontait qu'en s'enfonçant dans la femme, il l'entendait craquer comme une pastèque ! Immédiatement je m'étais dit : « Tu es certainement incapable de faire craquer une femme comme une pastèque. » Plus tard, j'ai appris que c'était la confession d'un sodomite. Mais, si j'ose dire, le mal était fait...

Quand j'ai approché Gala, je me suis découvert normal sur ce point. J'ai fait confluer dans mes orgasmes avec elle toutes mes richesses visuelles, ce qui est exclu de mes jeux érotiques. Dans ces jeux, lorsqu'il m'arrive de me masturber, je vois presque toujours, au dernier moment, une image familiale violente, par exemple mon père mort. Mais le tissu proustien des souvenirs sybaritiques n'est tissé qu'avec et pour Gala, et je parviens au déchirement, à l'explosion, en quelques minutes, d'un élan naturel et doux. Les images affluent instantanément. Lorsqu'elles sont là au complet, je les conduis à l'anéantissement, mais je crois que, pour moi, l'orgasme n'est qu'un prétexte. L'essentiel est dans la jouissance des images.

Ma fidélité a des raisons sublimes. Elle a aussi des raisons grotesques. Je dois avouer que j'ai toujours eu une peur épouvantable des maladies vénériennes. Je tiens cela de mon père. « Les maladies vénériennes, proclamait-il, sont si horribles que je veux faire un livre, avec reproductions en couleurs. Je le mettrai sur le piano et les hommes en éprouveront tant d'horreur que personne n'osera plus se risquer dans un lit de passage. » Je m'étais formé, à partir de cela, une théorie colossale. A tel point qu'à Paris, en plein surréalisme, si l'on m'entraînait au bordel, je me touchais à deux mètres de distance, croyant pouvoir attraper un microbe en suspension dans l'air ! J'ai vécu fort longtemps, sur de fausses théories enfantines, des craintes et des angoisses démentes, dont Gala m'a guéri. Sans elle, je serais devenu fou.

Ces fantasmes, et d'autres, ont plusieurs fois failli m'emporter. Chaque fois, Gala m'a ramené à moi-même. Voici un exemple. Au temps de nos débuts, à Cadaquès, le fils de Lydia, la « Bien-plantée » dont j'ai raconté l'histoire dans *Ma Vie Secrète*, faisait une psychose maniaco-dépressive. Connaissant un peu la psychiatrie, je m'amusais perfidement et j'arrosais un peu cette folie tous les jours, par curiosité et sans me sentir coupable. L'hiver vint.

Je vivais alors, après de terribles difficultés matérielles, une période tranquille. Nous n'avions plus de soucis d'argent, je peignais un assez bon tableau, le temps était sublime. Un jour, je rencontre le médecin du village :

— Et comment vont les fils de Lydia ?

— L'un d'eux vient de mourir.

C'était mon malade. A un certain degré de la psychose, on refuse de déglutir et l'on meurt de faim. Nous rentrons à la maison. Nous nous mettons à table. Subitement, Gala me regarde : « Mais tu es rouge comme une tomate ! Qu'est-ce que tu as ? Tu transpires ! Tu es trempé ! » Je ne pouvais plus déglutir. J'essayai un anchois, du pain, de l'huile. Je mâchais, je mâchais. Au dernier moment, impossibilité totale d'avaler. Probablement par autopunition.

Je suis d'une grande lâcheté, j'ai toujours peur que les choses se retournent contre moi. Et ma superstition est telle que je touche sans cesse du bois. Après mon manifeste contre les aveugles, j'ai longtemps craint pour ma vue. J'étais hanté par l'idée que j'allais me verser dans les yeux des gouttes corrosives. Et, pour ajouter à ma hantise, ma tante venait de se tromper de flacon et de se brûler affreusement la cornée avec de la teinture d'iode. Or, je devais me soigner contre la conjonctivite, et j'étais complètement obsédé, lisant cent fois l'étiquette avant de prendre le compte-gouttes. Tout me paraissait redoutable. La vue d'une paire de ciseaux m'épouvantait. Après cette insulte aux aveugles, j'allais moi-même détruire mes yeux. Ce que du reste, avec mon habileté, j'ai failli réussir plusieurs fois. L'année dernière je me suis donné un coup si près de l'œil que je m'en suis tiré par miracle. Le jour du fameux bal masqué de New York où je portais mes béquilles faciales or et rubis, je me demande encore comment je ne me suis pas énucléé. Personne ne me remarquait. J'avais une béquille adaptée à la lèvre et soutenant le nez. C'est tout de même assez voyant, d'autant que les deux pointes étaient en rubis. Au moment où je pensais : « On va bien finir tout de même par s'étonner ! », je glisse et tombe sur quelqu'un. Je ne sais comment les pointes ne m'ont pas vidé les orbites.

Donc, je ne pouvais plus déglutir. Alors Gala m'a tenu ces propos : « Ce n'est pas du tout parce que tu te crois coupable, tu ne l'es pas. Mais tu as commis un acte plus grave : tu doutes de toi. » A ce moment, en effet, je répétais que je n'avais pas de talent, que je voulais bien faire des chromos, de la psychanalyse, tout, mais ni peindre ni dessiner. Il y a déjà eu Vélasquez, tout a déjà été fait, on ne peut mieux. Je veux faire des chromos surréalistes ! Et Gala poursuivait : « Tu es obsédé par l'idée de ta mort artistique. Déglutir ou ne pas déglutir, l'enfant qui mange ou ne mange pas, ce n'est rien d'autre. Sors de l'idée de ta mort, lève-toi et mets-toi à dessiner et peindre vraiment, non selon tes fantasmes de fuite, mais selon ton talent qui est grand et nécessaire. » J'écoutais ce discours. J'essayais de me convaincre de mon talent. Elle a un réel don de persuasion. Et, soudain, j'ai réalisé que j'étais en train de manger on ne peut plus normalement.

Gala m'a guéri de toutes mes angoisses. Ces crises de rire dément, ces délectations morbides, c'est elle qui les a effacées. Elle a canalisé et sublimé mes errances dans les formes classiques. Et c'est le classicisme qui m'a sauvé du délire.

Cette maison que nous habitions, à Cadaquès, je rêvais d'en faire les murs en pain. Je souhaitais que tous les sièges fussent en chocolat. Tout ce qui est comestible m'exalte. Aujourd'hui encore, c'est un projet auquel je n'ai pas renoncé. Nous avons acheté une autre maison dans le village. Ce sera la maison pour s'amuser : du mou, de la décoration biologique, du Dali pur, le comble du mauvais goût. Mais ce sera réservé, délimité. Toute la différence est là. Maintenant, je fais très bien la part des choses. Je sais où commence le délire, où il finit. Je sais, dans mes recherches, intuitions ou inventions, ce qui peut se trouver un jour raisonnablement justifié, et ce qui risque de ne jamais l'être. Auparavant, je confondais vraiment le délire et la réalité. Ma fonction de la réalité était altérée. Ma structure fondamentale est tout de même celle d'un grand paranoïaque. Mais je dois être le seul de mon espèce à avoir dominé et changé en puissance créatrice, en gloire et en joie, une aussi grave maladie de l'esprit. Et cela, je l'ai réussi par l'amour et par l'intelligence. J'ai trouvé Gala. Par amour, elle a su contraindre mon intelligence à l'exercice impitoyable de la critique. Par amour, j'ai accepté de changer une partie de ma personnalité en appareil autoanalyseur et ainsi j'ai pu transformer le torrent dyonisiaque en performances apolliniennes, que je veux de plus en plus parfaites. Ma méthode, que j'ai appelée la paranoïa-critique, est la conquête constante de l'irrationnel.

Nous n'avons pas d'enfant. Je ne le regrette pas. J'ai horreur des enfants, physiquement. Tout petits, ils m'angoissent, comme tout ce qui rappelle l'état embryonnaire. Plus tard, lorsqu'ils ont cessé d'être les monstres mous des premiers temps, je les accepte. Mais, au fond, je ne tiens pas à ce qu'il y ait des êtres qui portent mon nom. Je ne souhaite pas transmettre du Dali. Je veux que tout se termine avec moi. De plus, tous les fils de génies sont des crétins. Ces enfants qui ne donnent rien vous déshonorent et portent votre nom sans avoir compris ce que vous étiez. Enfin, mon amour pour Gala est un monde clos, puisque ma femme est la fermeture indispensable de ma propre structure.

Si Gala disparaissait, personne ne pourrait prendre sa place. C'est une impossibilité absolue. Je serais seul. Je voudrais tant qu'elle survive, qu'elle se fasse avec moi enfermer dans un cylindre d'hélium en attendant une résurrection ! Mais elle n'y tient pas. Et c'est un chagrin pour moi. Elle dit que le jour de sa mort sera le plus magnifique. Comme tous les Russes elle aime la mort. Alors je lui dis : « Je ne m'inquiète pas, parce que je trouverai toujours hypocritement une façon de t'entraîner, de te faire accepter l'hibernation. » Elle pousse des cris et refuse cette idée.

Si Gala mourait, ce serait colossal à surmonter. Je ne sais comment je m'arrangerais. Mais je surmonterais. Je continuerais même à jouir de la vie, parce que mon amour de la vie est plus fort que tout. Déjà vieux, mon père eut des maux de dents terribles. Des larmes jaillissaient de ses yeux. Au dîner, nous le regardions en silence. Alors il donna sur la table un coup de poing formidable et cria : « Eh bien ! je suis prêt à signer tout de suite un contrat pour endurer ce mal éternellement si je ne dois pas mourir ! » Si je ne dois pas mourir, je veux bien souffrir éternellement la douleur insondable...

La mort

Pour Juan Gris, contre Braque
Pour Saint-Jean-de-la-Croix, contre Montaigne
Les cinq ou six jours de Saint-Augustin
Histoire des mouches vengeresses de Saint-Narcisse
Comment je pense à la mort
Le cinquième jour de la mort de Lorca
Les beaux morts et moi.

L'homme, face à la mort, s'il n'a pas le cœur grand, prend le parti de l'homme. Je prends parti pour Dieu et l'éternité, et c'est pourquoi je ne suis pas humaniste. Je crois en la survie éternelle. Ce matin, je peins une sardine pétillante qui jaillit de la mer, particule de substance lumineuse, morceau de Dieu un instant visible et aveuglant avant sa replongée dans l'océan de la création. Pauwels arrive et me montre des passages de l'essai sur la douleur de Blanc de Saint-Bonnet. Qui connaît cet écrivain, enfoui, selon le mot de Barbey d'Aurévilly, dans la prodigieuse ignorance de notre temps comme un diamant dans une caverne ? Blanc de Saint-Bonnet dénonçait le paupérisme spirituel de notre monde. Il savait que la grande misère de l'homme moderne viendrait de ce qu'il cesserait d'être convaincu de la sublimité de l'existence. Voici la mort :

« L'impuissance a submergé la volonté, l'abandon a enlevé tout secours étranger au cœur, mais c'est alors que l'âme est une force pure ! Les étais sont tombés, l'homme seul est resté debout !... Nous faisions, rien n'est fait ; nous amassions, rien n'est cueilli ; nous construisions, rien n'est debout ; nous vivions, et rien n'a vécu ; ce qu'on a voulu, dissipé ! Ce qu'on a aimé, disparu ! Eh ! que reste-t-il donc de la vie ? » Il reste, dit le prophète : « Celui qui a fait, cueilli, construit, vécu, voulu, aimé »... « Un jour, les mondes se dissoudront et il n'existera que les âmes. De l'être créé, il restera le mérite, étoile incandescente qui doit briller dans les Cieux. » Chez ce chrétien magnifiquement réactionnaire, disciple de Joseph de Maistre, de Ballanche et de Louis-Claude de Saint-Martin, majestés intellectuelles, le langage espagnol, celui de la foi, toujours et toujours insurrectionnelle.

L'âme endormie accepte la mort comme une règle de la nature, au nom de la raison. Elle tente, avec douleur et rouerie, de se soumettre à la réalité. Plus elle croit s'élever vers la sagesse, plus elle s'enfonce dans l'assoupissement. Et si elle s'insurge, c'est par certitude de son impuissance et pour tourner l'épouvante en se régalant de l'intensité de son désespoir. Mais, comme je l'ai écrit naguère, « tout permet de croire que la réalité, dans un avenir très proche, sera considérée uniquement comme un simple état de dépression et d'inactivité de la pensée, et, en conséquence, comme une série de moments d'absence de l'état de veille ». L'âme éveillée ne saurait donc s'accommoder de la règle. Son existence même défie la réalité. Face à la mort, elle ne se dérobe pas à l'épouvante, mais elle ignore le désespoir, car son état naturel est l'ardeur joyeuse dans la rébellion. Et ainsi, moi, me tenant superbement vivant, plus vivant sans doute que la plupart des humains, je peux affirmer que la mort est une de mes grandes passions.

Cette passion est typiquement espagnole. Un abîme sépare l'intelligence ibérique, nourrie de mysticisme, de l'intelligence française classique, et cet écart est également sensible dans les conceptions esthétiques. Ainsi, Georges Braque, dont l'œuvre est essentiellement française, de bon goût et mesurée, a-t-il prononcé une phrase célèbre et, pour moi, parfaitement hideuse : « J'aime la règle qui corrige l'émotion. » Cette phrase rassurante, courant les ateliers, a aplati le génie créateur comme le sécateur de Le Nôtre a infligé aux parcs du XVIIe la raideur cadavérique. Lorsque Juan Gris arriva à Paris, il s'insurgea immédiatement contre cette déclaration de principe, et je tiens cette insurrection pour glorieuse, car, avec elle, le vent d'Espagne repoussait l'insanité cartésienne.

J'ouvre ici une parenthèse. Juan Gris est le plus grand de tous les peintres cubistes, plus important que Picasso parce que plus vrai. Picasso était constamment tourmenté par le désir de comprendre la manière de Gris dont les tableaux était techniquement toujours aboutis, d'une homogénéité parfaite, alors qu'il ne parvenait jamais à remplir ses surfaces de façon satisfaisante, couvrant avec difficulté la toile d'une matière aigre. Il interrogeait sans cesse : « Qu'est-ce que tu mets là ? — De la térébenthine. » Il essayait le mélange, échouait, abandonnait aussitôt, passant à autre chose, divin impatient. C'était l'époque des discussions interminables. Reverdy le raccompagnait chez lui. Sur son seuil, il proposait à Reverdy de le reconduire. Non pour achever la discussion, mais pour retourner chez Juan Gris et interroger encore. Il s'approchait des toiles, écarquillait les yeux sur cette densité de matière et repartait exaspéré. Je crois que son drame et un des secrets de sa production exagérée viennent de ce qu'il n'a jamais pu découvrir comment peignaient les grands.

Je reviens à mon propos. Reverdy, accueillant Juan Gris à Paris, lui cita avec empressement la parole de Braque. Aussitôt, Gris blêmit et s'écria : « Mais c'est absolument le contraire de mon sentiment ! C'est à rebours de notre pensée espagnole ! Nous, nous aimons l'émotion qui corrige la règle ! » Voilà qui exprime, à travers l'esthétique, toute la conception surhumaniste, héroïque et religieuse de la vie, qui est propre à mon génie et à celui de ma race. Que notre feu interne soit à son maximum, afin qu'il chauffe la règle à blanc et la modifie ! Que notre réalité intérieure soit si forte qu'elle corrige la réalité extérieure ! Et que nos passions soient dévorantes, mais que nous ayons un appétit de vivre encore plus grand, afin de les dévorer !

Face à l'œuvre d'art comme face à la mort, mon attitude est à l'opposé de la « sagesse » française. Je méprise Montaigne. Cet homme frileux, archétype de l'esprit de raison, assurait que nous devons, certes, penser continuellement à la mort. Mais pour l'apprivoiser. Pour la réduire à une chose naturelle et familière. Somme toute, pour en faire ce qu'elle n'est pas : une dame de compagnie, une présence tiède et neutre. Pour nous dérober à la peur et garder raison, fardons le réel. Lorsque la mort frappera à notre porte, faisons en sorte que nous ne la reconnaissions pas. Nous la traiterons en fidèle connaissance, nous l'inviterons à s'asseoir sur notre lit et à faire comme chez elle. Ainsi cette sagesse est-elle une folie douce, une altération du vrai, une falsification de l'essentiel. Je crache, je crache ! Combien m'apparaît, en regard, authentique, subtil et sublime, le cri de Saint Jean-de-la-Croix ! *Vien muerte, tan escondida que no te sienta venir / Porqué el placer de morir me pudiera dar la vida /* (Viens, ô mort, si bien cachée que je ne te sente pas arriver ! Car le plaisir de mourir pourrait me redonner la vie !)

Voilà l'âme espagnole dans sa splendeur ! Comment ne pas ressentir, après cela, la fadeur bourgeoise de Montaigne ? O mort sans cesse présente, je te conjure d'arriver par surprise, car je t'aime trop et la volupté de ton embrassement touche à ma volupté de vivre ! Rilke dit que nous mourons tous de notre propre mort : mais non, nous vivons tous de notre propre mort. Que nous la souhaitions cachée n'empêche que nous la voulions chaque jour dans son vêtement fantastique. De jour en jour, ô mort, je te vois plus déroutante, plus fabuleuse, plus étrangère, et une curiosité fatale s'empare de moi, aussi vertigineuse que la jubilation d'exister.

Mort, tu n'es pas une de mes connaissances personnelles ; tu es au contraire ma plus profonde méconnaissance, et l'envie de savoir me dévore. Mais, n'étant pas un grand endormi, je dévore cette envie. Je pense sans cesse à la mort, je travaille sans cesse la question de la mort. Je mêle la mort à tous mes actes créateurs, la spiritualisant ainsi de plus en plus, diffusant son esprit dans mes rêveries, mes pensées, mes élans, mes jouissances, ma chair, mes os. Plus je prends conscience de la sublimité de l'existence, plus j'éprouve la présence de sa mort ; plus cette présence s'affirme, mieux je vis et plus s'accroît ma gaieté fondamentale. Pourtant, je souhaite tricher. J'amasse l'or afin de me faire hiberner au moment de partir. Je veux faire une niche à la mort, resurgir de mon cylindre d'hélium trois ou quatre fois dans le prochain siècle, la moustache dressée et la canne à la main. Cependant, je sais que l'anéantissement est fatal. Eclairant, peut-être. En forme d'apothéose, peut-être. Mais fatal. Alors, je me conduis comme Saint Augustin face à la foi. Il savait que la foi, cet autre anéantissement flamboyant, s'apprêtait à bondir sur lui. Il priait Dieu chaque soir de la lui envoyer. Mais, comme il traversait une période de plaisirs, il ne manquait pas d'ajouter : « Oui, donnez-moi la foi, mon Dieu, mais attendez encore cinq ou six jours ! ».

L'influence de mon père athée, ma formation matérialiste, m'empêchent de croire d'emblée à la vie éternelle et à la résurrection de la chair. Je suis catholique sans la foi, et je fais des détours par la science pour rejoindre le dogme. La physique m'enseigne poétiquement la vie éternelle, mais je doute que celle-ci soit individuelle, ou plutôt qu'elle ait une forme concevable par notre nature vivante. Je lutte contre ce doute. Viscéralement, je m'insurge. Je réclame une vie dans l'au-delà avec persistance de la mémoire. Je veux bien renoncer aux béatitudes éternelles, pourvu que dans l'éternité je me souvienne de tout ! Quant à la résurrection des corps, voilà indiscutablement le plus mystérieux et le plus puissant moteur de la religion ! C'est ce qui nous fait y adhérer, que nous le voulions ou non, et moi le premier. Je sais bien qu'il y a de fortes chances pour que Leibniz ait raison, et qu'il s'agisse d'une autre existence, localisée sur d'autres structures. Il est probable que la formulation du dogme est symbolique et que les corpuscules glorieux qui nous recomposent après la mort n'ont rien de commun avec la chair. Immortalité, sans doute, mais éblouissement, dilatation, magnificence abstraite. Cependant, l'idée que je puisse changer de forme, même très glorieusement, m'est franchement désagréable.

Une théologie scientiste conforte la raison sans répondre au désir profond. Et qui a raison ? Mon désir ou la raison ? Je me nomme Désir. Toutes ces histoires de particules, de protons, d'antiprotons et de pi mésons m'enchantent, me ravissent ; elles ne m'arrangent pas. Je voudrais croire à la résurrection de la chair ; croire positivement à la complète résurrection de ma chair réelle. Malheureusement, une part de mon esprit, qui vit dans le siècle, regarde du côté des sciences. Les sciences sont aujourd'hui, pour les intelligences, l'ombre vivable de la foi. Du temps d'Auguste Comte, il paraissait légitime de ne croire à rien. On pensait détenir les preuves irréfutables d'un matérialisme absolu. Dans ses souvenirs sur Lénine, Franz Toussaint écrit : « J'espère que vous n'allez pas me quitter, me dit Lénine. Je n'ai parlé à personne aujourd'hui. De neuf à trois heures, je n'ai pas démarré de la Bibliothèque Nationale où j'étais plongé dans l'absurde *Cours de Philosophie positive* d'Auguste Comte. Ce bonhomme n'a pas volé son prénom de pitre ». Plus tard, avec le quantum de Plank, on s'est avisé que la matière nous échappait, que le visible simple n'était que l'illusion créée par un invisible compliqué, et les savants ont subi une crise de conscience convulsive. Après quoi, très peu d'entre eux sont demeurés positivistes, sauf les idiots. En reconnaissant la nécessité de l'étrange dans les phénomènes physiques fondamentaux, l'esprit moderne s'est rapproché de Dieu, ou, tout au moins, des régions métaphysiques de la pensée. Je prophétise un retour à une conception apostolique et romaine de la vie et de l'univers, après un grand nettoyage cataclysmique, afin que ce qui est sali soit lavé, ce qui est aride soit arrosé, ce qui est dévié soit redressé.

Il n'est pas dit que le religieux ne revienne pas au galop. Si tu n'as pas la foi, aie au moins un foyer. Mon foyer est l'Espagne, ardente ennemie de l'hégémonie rationaliste. Ici, je veux vous conter l'histoire symbolique, véridique et exemplaire des mouches de Saint Narcisse.

A Delft naquirent, à peu de mois d'intervalle, deux hommes qui eurent deux manières opposées de regarder les choses : Vermeer et Leeuwenhoeck. Vermeer, c'est l'œil de l'âme qui perce le visible pour atteindre les réalités angéliques de la nature. Voir, pour lui, est de l'ordre de la grâce. Leeuwenhoeck est un ingénieur ; il met au point le microscope. Percer le visible est pour lui de l'ordre de la technique. Il découvre les globules rouges et les spermatozoïdes. L'œil de la raison croit avoir décelé les secrets de la matière vivante, révélé son mystère dans ce grouillement. Quand Pierre le Grand, tzar de toutes les Russies, accourt pour contempler cette image de la vie sous les loupes hollandaises et s'humilier ainsi devant la science, le matérialisme va envahir le monde. On entre dans l'époque des « lumières » tandis que Vermeer dégage des choses la lumière spirituelle. Les Espagnols, eux, vont obstinément repousser les feux de la révolution, allumés à travers les verres taillés de Leeuwenhoeck, et refuser d'aller chercher le secret de la vie ailleurs que dans leur âme. Ils vont récuser la science, la raison, et même la liberté. Quand les armées napoléoniennes pénètrent dans Madrid, prétendûment libératrices, ce peuple, le plus irrationnel de l'Occident, se bat au cri de « Vive les chaînes ! ». Pour le miracle contre la science ! Pour l'illumination contre les lumières ! Pour Vermeer contre Leeuwenhoeck !

Deux hauts lieux antinomiques, Delft en Flandre, Gérone en Espagne, se ressemblent pour mieux s'opposer. Le clocher de Gérone a la même structure que celui de Delft. Mais, à Gérone, l'Espagne fut baptisée une seconde fois, elle dont le nom signifie épine. Quand les hussards et les dragons français profanateurs entrèrent dans l'église, un colossal nuage de mouches furieuses jaillit de la jambe gauche de Saint Narcisse et assaillit les soldats de la Raison. A travers les dizaines de milliers d'yeux paraboliques de ces insectes miraculeux, la lumière froide de Leeuwenhoeck se changeait en un laser mortel. Piquées jusqu'aux os, pestiférées, les troupes de l'esprit français refluèrent. Le soleil de la foi, réverbéré par les myriades de lentilles de mouches sanctifiées, anéantissait les régiments de l'ordre raisonnable, faisait rebrousser chemin au cartésianisme accablé de sa propre pestilence. Je vois là un épisode décisif de l'histoire universelle, l'image pieuse de l'invulnérabilité de la foi. Je crois que nous n'en avons pas fini avec les mouches. Nous reverrons sortir à temps des nuées d'aiguillons du corps incorruptible des saints.

Espagnol mystique, la passion de la mort m'est une joie spirituelle. Esthète et érotique, je tente de retarder l'orgasme, la jouissance archangélique de mon anéantissement, et c'est pourquoi je songe à l'hibernation. Je m'en justifie par le fait qu'étant un génie il me faut encore de nombreuses années pour accomplir mon œuvre. Mais c'est un alibi de la raison. En réalité, mon souhait viscéral est de durer dans ma forme actuelle le plus longtemps possible, sachant que l'on pourrait toucher, accroître le désir par le refus, prolonger au maximum l'attente pour un paroxysme de plaisir. Je pratique avec ma mort l'érotique des troubadours pour la jouissance ultime de la transformation de Dali en ange !

La plus savante description du ciel fut écrite par le génial philosophe inconnu Francisco Pujols. Selon Pujols, nous devenons tous des anges après avoir gravi les degrés d'une échelle onto-biologique qui commence au minéral, passe par le végétal, puis l'animal et l'homme. L'œuvre de Pujols demeure inédite dans sa plus grande partie. Le reste est enfoui dans des éditions catalanes à tirage limité, aujourd'hui introuvables. Or, il s'agit d'un trésor : l'héritage moderne de Raymond Lulle et de Raymond de Sebonde. A l'heure du grand retournement nécessaire, je crois fermement que la pensée catalane dominera l'Occident, parce qu'en elle résident les principes oubliés de la verticalité. Et, comme Pujols, je ne suis pas un particulariste, mais un hégémoniste catalan. Ma prophétie n'est pas folle. On eût fait se tordre de rire les légions romaines en prédisant que la pensée de Judée allait non seulement déferler sur l'empire, mais encore sur le continent américain non encore découvert. Un jour, la nécessité appellera à l'universalité la vision catalane où se mêlent la subtilité phénicienne et le fanatisme arabe.

Dire que je pense sans cesse à la mort, ce n'est pas assez. Je porte en moi sa fabuleuse présence. Plus fortement encore au moment de manger. A chaque repas, la réalité de la mort m'apparaît, s'impose dans son irréprochable légitimité. Dès que l'odeur des sardines grillées m'arrive aux narines, je me tourne vers le cimetière, et ma félicité gastronomique s'augmente de cette conscience de la mort. Mon appétit retourne les tombes. En dégustant les chairs proprissimes qui viennent de la mer, je me dis : « Je ne suis pas mort, je vis, je vis ! », et je salive doublement, dégustant aussi cette éclatante évidence. A tout moment, je m'emploie à déjouer la mort avec la gaieté qui entre dans tout jeu : « Fais attention, couvre-toi bien, ne prends pas froid ». C'est me savoir mortel. Cependant, le jour de ma mort continue de me paraître improbable. Au sein de la plus terrible épidémie, je serais encore capable, bien que terrifié, de me croire invulnérable. Je joue aussi avec cette invulnérabilité. Quand nous partons en voiture : « Et si nous avions un accident ? ». Aussitôt : « Ce serait tout de même une singulière coïncidence qu'après une telle pensée, j'aie effectivement un accident ». Et ensuite : « En y pensant, je viens sûrement d'éliminer les risques ». Et enfin, je remercie ces accidents hypothétiques d'intensifier ma jouissance d'exister. Car ma passion de la mort est double, naturellement, gouvernée par l'ambivalence humaine. Je la désire et la fuis, je l'aime et elle m'épouvante. Mais si le jour ultime ne peut être évité, je m'attends à une sorte d'orgasme sublime où, comme dans Tristan et Yseult, tout l'érotisme accumulé explose et se décharge avec une violence et une douceur inouïes. Et dans cet orgasme, tout ce que j'aurai fabriqué en moi d'hyper-conscient éclatera, projeté à la vitesse de l'éclair vers les cieux, comme une graine qui jaillit loin de son enveloppe. Et après, après...

Après, ô large et noire patrie ! Je pressens un voyage qui sera coupé en deux. Lorsque j'étais enfant, mon père me dessinait souvent un hiéroglyphe, un ô très allongé et interrompu. J'y retrouve le symbole de cette coupure dont parlent les adeptes des hallucinogènes. Ils racontent un voyage qui se déroule toujours en deux parties séparées par un événement indescriptible. Curieusement, le *Livre des Morts Thibétains* décrit aussi ce moment de suspension, au cinquième jour de l'errance post-mortem. Et Pauwels me signale cette même étape du périple des morts, dans la tradition inconnue des Indiens Huichols. Pour ces Indiens mystiques et raffinés, l'âme de l'homme qui expire prend la forme d'une mouche (forme, à mes yeux, glorieuse par excellence). L'insecte-âme voyage, corseté dans les souvenirs de la vie. Au cinquième jour, le grand prêtre rappelle la mouche, chantant et priant, au cours d'une dernière cérémonie funèbre. Elle revient ; elle descend, guidée par le chaman qui la recueille sur sa paume tendue et la caresse avec une plume d'aigle, symbole des hautes solitudes. Chacun se presse autour. On lui parle ; elle donne, par la voix de l'officiant, des ultimes conseils aux vivants. Puis, enfin libérée de toute attache, elle s'élève de nouveau et monte vers le soleil auquel elle va s'unir.

Garcia Lorca, le meilleur ami de ma jeunesse, se référait peut-être à un secret enseignement tzigane, quand il nous mimait sa mort. Il s'allongeait sur le lit, fermait les yeux, se raidissait et comptait les jours. Son visage devenait terrible ; ses grimaces imitaient la décomposition progressive. Au cinquième jour, — voici en vérité le premier jour ! disait-il — on l'enterrait. Il nous décrivait la fermeture du cercueil, le corbillard. Il était secoué sur les rues mal pavées de Grenade. Et enfin se produisait une sorte d'apothéose. Ses traits se reposaient, ses lèvres souriaient. Alors, se redressant, il secouait notre malaise en éclatant d'un rire brutal, de toutes ses dents blanchissimes. Nous le quittions. Il nous regardait partir, triomphant, ayant transféré son angoisse sur notre groupe, et se remettait au lit pour s'endormir tranquillement.

Aujourd'hui, penser la mort m'exalte, mais ce sont les sublimités qui m'habitent. Les terreurs monstrueuses sont parties de mon esprit. S'il me reste une épouvante, elle est nue et propre : polaire, comme la mort elle-même. Enfant, à la vue d'un drap noir, mes cheveux se dressaient, la peur m'entrait dans le ventre. Je tremblais si l'on me parlait d'aller au cimetière voir mon frère. La nuit venue, je ne pouvais traverser la chambre de mes parents, à cause du portrait de ce frère et de la reproduction du Christ de Velasquez. Si la mort m'exalte maintenant, c'est que l'horreur qui s'y attache naturellement est allée au tout-à-l'égout ; je l'ai digérée et rejetée, m'étant beaucoup nourri d'images lugubres. Déjà, dans ma jeunesse, j'avais découvert les bienfaits de ce rite obscur. Comme Lorca, mais en proie à des terreurs incontrôlées, je forçais. Je faisais naître des sensations horribles. Je fouillais mon cadavre. Je voyais, je sentais des vers grouillant dans ma chair pourrie. Quand l'épouvante me prenait, il me fallait la surpasser, traverser l'enfer de ma propre putréfaction pour retrouver le calme. Enfin le sommeil venait, la paix, l'oubli. Mais la vraie paix n'est pas dans l'oubli. Elle est au contraire dans l'extrême attention constante. Une extrême présence de ma mort est présence d'esprit. Et présence d'esprit est joie.

Je n'ai jamais assisté à la mort d'un homme. Je suis arrivé trop tard pour recueillir le dernier souffle de mon père. J'ai baisé sa bouche froide. Il abordait déjà son premier jour. Le seul cadavre chaud que j'aie vu m'a fait mauvais effet. Il était enveloppé d'une couverture sanglante et s'agitait. C'était un prince de mes amis qui venait d'être guillotiné par le pare-brise de sa voiture. La mort l'avait surpris après déjeuner et il pétait abondamment. Imaginant, comme chacun, que les morts sont des gens tranquilles, ce spectacle me dérouta désagréablement.

J'ai toujours refusé d'aller me pencher sur un mort afin de m'épargner un malaise de plusieurs jours. J'évite de même façon les fous, craignant la contagion. Sur la visite aux morts, Pujols a dit l'essentiel. Fidèle aux usages, il se rendit chez un voisin trépassé. Mais, quand la veuve le pria d'entrer dans la chambre mortuaire, il dit poliment : « Je reviendrai le voir sous quinzaine ; dans ces moments-là, je n'aime pas déranger ». C'est un moment de grand travail, en effet. J'aime les morts. Il y a des amours laides, mais toutes les morts sont belles, glorieuses, angéliques. Tout mort vaut que l'on tire son chapeau. Nous sommes gouvernés par les morts ; la cybernétique la plus puissante est celle des morts. Le monde est le lieu des vies inachevées ; les vies achevées sont au ciel. Toute âme s'en va travailler à de l'absolu, augmenter la substance de la vie, selon son degré d'inachèvement. Certes, je n'apprécie guère les morts pour cause commune, les morts pour la Lune, les ingénieurs et les bureaucrates morts. Je leur préfère les hommes qui furent, dans leur vie, intelligents, beaux, moraux, qui eurent un stimulus interne et qui furent donc un peu artistes d'immortalité. Quand meurt un de ces hommes-là, j'ai aussitôt conscience qu'il part pour moi, qu'il s'en va peupler les régions spirituelles où je puise mon ardeur. Ce soir-là, je m'endors avec béatitude. Dans mon oreiller de plumes, déjà fait d'une superposition de petits morts très nobles et ravissants, j'ajoute la plume de ce mort délicieux.

La gloire

La gloire réelle, c'est l'immortalité réelle
Il n'y a pas de pluralité des mondes
Description stendhalienne d'un archétype du corps glorieux
Je rêve d'une guerre cataclysmique, tout-à-l'égout et résurrection
C'est oracle ce que je dis
Des images hypnagogiques et de la lentille à phosphènes
Je suis la demeure d'un génie.

La gloire, disait Gide, a ceci de pratique qu'elle permet d'être enfin banal. C'est une ironique vérité sociale. Mais je ne mange pas de cette gloire-là. Je satisfais à volonté mon exhibitionnisme. Je jouis de la gloire que l'on m'a faite et que les grandissants moyens de crétinisation collective amplifient. Mais le mot gloire, pour moi, signifie tout autre chose, et ma passion de la gloire n'est pas seulement la démangeaison d'être public et admiré. Le Christ en gloire, ce n'est pas Jésus prix Nobel, c'est la révélation du corps glorieux. Je veux devenir un corps glorieux, une parcelle de substance réelle et incorruptible.

Quand Charles Quint meurt, une rose fleurit,

quoiqu'on soit en hiver. Un seigneur se penche sur la faible dépouille, se redresse et dit gravement : « Corps digne d'honneur, Messieurs. » Mais ce n'est pas assez que l'honneur. Ce n'est pas assez que durer dans le souvenir des hommes. Je veux durer, moi-même, éternellement. Au jour du Jugement, je veux me retrouver tout entier dans la substance de Dieu. Que m'importent les hommes ? Ils ne sont pas ma gloire. Dieu est ma gloire.

Je ne suis pas un néo-métaphysicien : je ne réduis pas Dieu à un symbole pour venir au secours de ma croyance en lui. Dieu n'est pas le nom symbolique d'une réalité infinie et inconditionnée, c'est-à-dire d'une non-réalité. Dieu est le réellement réel. Dieu est une Personne. Je ne fais pas dissoudre le littéral dans l'abstraction pour en dégager l'esprit. Pour moi, la lettre, c'est l'esprit, et d'autant plus esprit qu'elle est d'autant plus lettre. De sorte que la vie éternelle, c'est Dali éternel, Dali avec ses souvenirs entiers, ses moustaches et sa hernie, et non pas une vapeur dans le cosmos, un grain d'énergie parmi les étoiles, un soupir dans la musique des sphères. Vie éternelle concrétissime, vraie gloire ! Je veux être moi pour l'éternité, moi tiré à un seul exemplaire, fruit succulent unique d'une humanité elle-même unique dans l'univers. Je pousse en effet cette passion de la gloire jusqu'à refuser l'idée d'un cosmos peuplé. Je ne puis admettre une pluralité des mondes habités. Si l'on réplique que le fourmillement des galaxies rend l'hypothèse concevable, mon argument suprême est que l'inconcevable a plus de chances d'être vrai. Teilhard a écrit : « A l'échelle du cosmos, seul le fantastique a quelque chance d'être possible », mais le fantastique serait, justement, qu'un seul monde, parmi des milliards de milliards, fût habité. Et enfin, si vous tentez de m'acculer, je m'évade par le haut, ayant une poche d'air qui m'aide à voler :

l'orgueil. Eugenio d'Ors, prodige d'érudition, faisant un cours sur le Maroc, déplace une date de cinq cents ans. Timidement, un élève en fait la remarque. « Ne vous inquiétez pas, répond d'Ors, je sais, mais cela m'arrange. » Je tiens néanmoins ma vision pour certaine. Que me font vos myriades de planètes ? Croyez-vous que la Terre étant ronde vous y trouverez partout des paysages ? Un visage rond est-il plein de nez ? Il y a peu de paysages ; trois ou quatre, par exemple, le long de la Méditerranée, et ce n'est pas sûr. Entre ces paysages, de la géologie amoncelée, du matériel brut, rien. Ainsi en va-t-il dans l'immense univers : de la matière jetée en vrac, et une seule terre des hommes. Si je devais apprendre qu'il est peuplé, mon désarroi serait total, et il m'arrive de surveiller les journaux avec une inquiétude proche de la panique. Délimitons notre patrie si nous ne voulons pas mourir. Cernons. Cernons. Toute distillation est réduction. Un seul lieu, parfaitement accordé à mon être, me suffit pour saisir l'univers. Une seule crique, légitimement mienne, m'est assez pour comprendre et exprimer toute la beauté du monde. Et je me suffis. Dali m'enseigne l'universel. Toute mon arithmétique tient dans l'opération formulée par Pauwels : « Je pose un et je retiens Dieu. »

J'ai parlé des corps glorieux, et je voudrais montrer combien l'abstraction pure est étrangère à mon esprit, sur quelles données sensibles, visibles, tangibles, fonctionne ma méthode de pensée. Je possède une représentation exacte du corps glorieux, ou plutôt, je puis décrire avec minutie une réalité archétypique de cette supra-réalité. Ce que j'admire, chez Stendhal, c'est sa manière de raconter sa visite de Saint-Pierre de Rome. Pas d'élans vagues, pas de clair-obscur ; pas de poussière dans l'œil quand il découvre cette gare centrale de la chrétienté. Il se fait arpenteur et géomètre : les colonnes ont telle hauteur, leur diamètre est de tant, etc. Procédons, s'il vous plaît, comme M. Beyle. Mon archétype du corps glorieux est le phylomorphalaciniata, petite punaise hétéroptère qui fréquente avec prédilection la paranychia, plante odorante et sèche de la région de Cadaquès, utilisée en infusion comme succédané tonicardiaque.

Je découvris, à neuf ans, au bord de la mer, sur cet arbuste aux tiges très fines, des feuilles animées d'un mouvement propre. En retournant ces feuilles, je vis avec stupéfaction s'agiter des pattes minuscules. Il me sembla que je venais de percer un des secrets de la nature. Frappé par la roublardise de cet insecte, je lui appliquai l'expression catalane qui désigne un homme rusé : *morros de con*, lèvres du con. Aujourd'hui encore je le nomme ainsi, car le sexe de la femme demeure à mes yeux une caverne confuse où bouillonnent des humeurs, d'où sortent des enfants et des embryons, et qui contient des pièges mous. Comme Leonardo, je m'acharne à le dessiner, sans jamais pouvoir en finir avec le trouble, les interdits, les incertitudes.

Le mimétisme animal, qui me fut révélé dès l'enfance alors qu'autour de moi personne n'avait jamais soupçonné qu'un insecte imitait les feuilles, demeure une énigme. A quelle nécessité correspond-il ? De protection ? Ce n'est pas certain. La plupart du temps, il n'est lié à aucune menace particulière. Parfois, il expose, plutôt qu'il ne protège. Serait-ce une activité de jeu ? Une pulsion esthétique ? Le goût du masque ? L'amour de l'invisibilité ? Une tentative de fusion avec le tout ? Un mouvement de retour à l'unité primordiale ?

Quand j'examinai mon *morros de con*, je m'aperçus qu'il

dissimulait en lui une autre vie, que ce malin bien caché cachait un autre être. En effet, cet insecte contient un minuscule parasite. Mais il y a mieux encore. Je devais m'apercevoir que ce petit mime porte sous lui, en grappes, des œufs d'or d'une beauté et d'une netteté sublimes. A la loupe, ceux-ci se révèlent hexagonaux et pentagonaux mêlés, ce mélange étant, selon les entomologistes, rarissime. Je pense que ces œufs couleur d'or pur, parce qu'ils incarnent un élan de la vie vers l'unité, présentent peut-être des vertus anticancériques. Des biologistes m'ont promis d'étudier la question. Ainsi, poétiquement, ce phylomorphalaciniata est-il, à mes yeux, signe du corps glorieux, parce qu'il engendre de l'or, parce qu'il a son parasite, parce qu'il hante la région qui est pour moi le centre du monde, et parce que, plus j'analyse ce petit excentrique, plus je suis conduit concentriquement vers moi-même et l'unité. Il s'identifie, sans autre raison qu'un appel vers la fusion, à cette feuille catalane qui soigne le cœur en régularisant le mouvement mystérieux de la vie. Or, l'un des plus purs instants de mon existence fut celui où le battement d'un cœur libéra ma semence...

Je sortais de l'enfance. La petite jeune fille était d'une pâleur et d'une maigreur mortelles. C'était l'été. Je l'entraînai dans le grenier. Nous avions couru. La fatigue et une angoisse accéléraient notre sang. La gorge écrasée, le feu dans la tête, je lui demandai de retirer son corsage, de s'allonger en regardant le ciel étincelant que la lucarne découpait, et de sourire. Nous nous taisions. Elle savait ce que j'allais faire. Sous sa peau, pareille à une soie blanche tendue, son fin squelette apparut, et, de cela, je fus bouleversé, ébloui. Entre les côtes, son cœur sautait comme une grenouille. Elle gardait la pose, les yeux dans le ciel, un sourire de Vierge immobilisant ses lèvres pâles. Je caressai mon sexe, j'en posai la pointe sur cette chair battante, et quand mon gland toucha son cœur, l'orgasme me foudroya. Mon visage fut inondé de larmes et le sien de ma vie.

L'hiver suivant, j'appris qu'elle venait de mourir d'une maladie cardiaque. Bien des années plus tard, en 1949, je réalisai avec le joaillier américain Carlos Alemany une série de bijoux. L'un d'eux est un cœur de soixante rubis encastré dans de l'or fin. Un minuscule mécanisme électrique fait battre le joyau au rythme de soixante-douze pulsations, et une couronne royale surmonte le tout. Je le nommai : le Cœur Royal. C'est à elle que je le dédiai.

Telle est la complète description, à la manière de Stendhal au Vatican, des structures qui font pour moi d'une punaise hétéroptère l'emblème du corps glorieux.

Descendons quelques degrés, laissons au-dessus de nous la vraie gloire, occupons-nous de la gloire terrestre. Ici, je dois avouer qu'en dépit du retentissant tumulte dalinien, je me sens frustré. Pas assez de feu ! Pas assez de sang ! La gloire d'un artiste est fade. Ce sont les exploits guerriers qui portent un homme au sommet. La gloire militaire est la plus haute et la plus sonore ; les plus grandes ailes poussent sur les cadavres et les ruines. Quand je fais un rêve de gloire, j'ai dévoré des territoires, j'ai conquis un empire, je passe sous des arcs de triomphe, j'entends des trompettes d'argent, je fais une proclamation, levant les bras, aisselles fumantes. Hélas, je ne peux que rêver. Le pacifisme répand sa glu sur le monde, les Unesco et les Onu prolifèrent, le calme spectral des larves anesthésie les âmes. Et cependant, je continue de souhaiter ardemment une guerre cataclysmique, parce que mon sentiment tragique de la vie et ma conception héroïque de l'homme y trouveraient leur plein emploi. Une guerre moderne me conviendrait : ultra-rapide, colossalement destructrice et transformatrice, d'une férocité inouïe. Un énorme tout-à-l'égout des passions molles, des veuleries, des sottises, des sentiments fermentés, des pensées purulentes, un nettoyage apocalyptique d'humanité pourrie, et une énorme fabrique d'anges ! La lessive des dieux ! Et la brusque, la formidable montée de conscience ! L'avantage d'une guerre totale, aujourd'hui, ce serait que les gens bénéficieraient d'une bonne information. Des populations entières auraient connaissance de la fatalité de leur mort à bref délai, attendraient le sacrifice les yeux ouverts, prévenus seconde par seconde de l'arrivée de la foudre, et, au lieu de mourir sans avoir jamais vécu, vivraient, en mourant, une minute de vérité. Et quel accroissement des pouvoirs humains ! Seule une guerre pareille peut faire converger toutes les potentialités. On ne fait jamais observer combien la guerre apporte d'enrichissement du savoir et du pouvoir, quels fabuleux progrès elle engendre. Nous ferions un bond prodigieux, nous gagnerions mille ans. Enfin, de la pâte humaine bouleversée sortiraient des monstres, des êtres différents, des mutants ; les énergies de la vie se manifesteraient de façon paroxystique pour le pire inattendu et l'inconcevable meilleur. La gloire est à la cruauté ce que la rose est au rosier, et les vrais maîtres sont les grands cruels. Il faudrait, pour déclencher une telle guerre, des seigneurs sans but. Je veux dire, des hommes qui ne travaillent ni pour le mal ni pour le bien, mais pour la connaissance, pour un agrandissement du psychisme humain dans cette explosion de souffrance, de plaisir et d'angoisse. Hitler était peut-être un délirant, mais il poursuivait des buts étriqués comme l'hégémonie allemande et la victoire d'une race. Nous ne savons pas encore ce que sont les Supérieurs. Ils ne seront pas humanitaires, mais surhumanitaires ; ils ne s'occuperont pas de progrès, mais de transmutation, et ils chercheront le maximum de conflit. Ils nous apprendront ce que c'est qu'une forge dans les temps modernes. Nous ne pourrons voir apparaître l'or sans une forge intense. Nous sommes secs, fermés, étroits. Nous ne recevrons la vie, ou plutôt la survie, que par viol, déchirement, craquement, saignement.

Comme il m'est donné de pouvoir m'exprimer en peignant, je peins. Mais je suis d'abord un homme qui a une vision du monde et une cosmogonie, qui est habité par un génie capable d'entrevoir la structure absolue. Dans une guerre catastrophique-salvatrice, je serai l'un des seuls à pouvoir révéler le sens du conflit, la direction verticale de cette apocalypse. Par moi, quand leur peau grésillera et que leurs yeux commenceront de fondre, les hommes comprendront que s'ouvre ainsi la fleur de feu de la Connaissance. Je dirai la formidable grandeur de ce bouleversement, de cette colossale inversion des signes. Il y a des sacrements au-delà du bien et du mal, mais nous vivons dans les zones inférieures, celles de la morale. Nous ne comprenons pas comment, au-dessus, jouent des forces. Comment n'y aurait-il pas un Grand Bien sans un Grand Mal, ou plutôt un Bien absolu sans une contestation absolue du bien ? Et ne se dégagerait-il pas, par un frottement intense de ces antinomies, une chaleur telle qu'une lumière apparaisse, éblouissante ? Souvent je songe au double mystère des procès de Jeanne d'Arc et de Gilles de Rais, compagnons d'armes, âmes complémentaires. Le maréchal alchimiste, fasciné par l'or, le sexe, la mort et la gloire, traite avec le Diable de Prince à Prince, le convoque dans son athénor pour un pacte dans lequel il réserve son âme. Il a violé, égorgé, cent quarante garçons et filles ; cependant il ne meurt pas seulement pardonné, excommunication levée, mais sauvé, assuré de se retrouver « dans la grande joie du paradis ». Il marche au bûcher pleuré par les parents mêmes de ses victimes, touchés par la grandeur de la contrition et le rayonnement de cette sainteté à rebours. Il avoue tant d'horreurs, « assez pour faire mourir dix mille hommes », que l'évêque Malestroit voile de son manteau la statue du Christ. La foule tombe à genoux, priant pour lui et pour elle-même, pour les profondeurs et les sommes de la tragédie mystique qui est toujours une tragédie du sacrifice. La nuit qui précède son supplice, il s'endort dans la paix, comme dans un berceau flottant sur ce fleuve de prières. Dois-je ajouter que le mage et savant de la singulière équipe du maréchal, le mystérieux Prelati aura, en dépit de ses aveux accablants, la vie sauve et deviendra l'alchimiste personnel de René d'Anjou ? Ici comme ailleurs, le dernier mot revient à l'alchimie.

Autour du héros, tout devient tragédie, et appelant l'héroïsme, j'appelle la guerre, non pour le désordre et la mort, mais pour l'ordre supérieur qui se manifeste dans tout état paroxystique de la vie. De même, Nietzsche n'affirmait pas que Dieu est mort parce qu'il avait renoncé à le chercher, parce qu'il était devenu incapable de croire en Dieu, mais, tout au contraire, parce qu'il le cherchait de la seule manière légitime, c'est-à-dire forcenée. Après ce que je viens de dire d'un au-delà du Bien et du Mal, on verra en moi une influence de Nietzsche. Cependant, mon admiration pour le Forcené est tempérée. Nietzsche, à mes yeux, a commis deux fautes impardonnables. L'une, de devenir fou. L'autre, de finir par tremper dans un sentimentalisme qui l'a conduit à préférer Bizet à Wagner. Il était grand, mais non pas monumental. Il a éprouvé, comme moi, le vertige par le haut et souhaité le cataclysme régénérateur par amour de ce qui, dans l'homme, est plus que l'homme. Mais il faut à cet amour un air si vif, si sec, qu'il ne saurait habiter la région moite des sentiments. La cruauté est la droiture de l'amour.

Descendons encore d'un degré. Prenons la gloire de Dali aujourd'hui, dans ce monde pauvre. Goethe dit que les événements à venir projettent leur ombre en avant. Je suis un homme qui sait voir cette ombre. Je suis plus glorieux de cela que de ma peinture. J'ai vu le dessin de cette ombre dans toute l'aventure esthétique du siècle, et c'est pourquoi, par exemple, je crache sur Cézanne et l'art moderne, et porte Meissonier aux nues. Je détruis ce qui doit être détruit, pour faire place au futur. Ce n'est pas que j'aime tant Meissonier. Mais il est plus proche que Cézanne de ce qui sera. C'est un général, et Cézanne un brancardier cafouilleux. Sa précision, sa méticulosité contiennent plus de mystère que la maladresse appliquée du barbouilleur d'Aix. Les artistes et les amateurs auront bientôt une passion pour le genre Meissonier. J'entends déjà des jeunes s'extasier sur un peintre qui réussit à représenter des boutons avec une exactitude magnifique. Que sera-ce quand ils découvriront les œilletons dans les ceinturons de Meissonier, quand ils pourront compter les poils de ses chiens, et même les tiques dans les poils. C'est à cette profondeur d'exécution que l'on capte les mystères de la nature, comme c'est avec un télescope profondément enfoui sous terre, en Afrique du Sud, que l'on repère les neutrinos.

Je prônais déjà Meissonier en plein surréalisme. Je prenais parti pour Gaudi contre Le Corbusier, lequel après avoir crié pitié pour une Barcelone à ses yeux enlaidie par les merveilleuses constructions mouvantes, vivantes, baroues, richissimes de rythme et de chaleur du génial Gaudi, a fini par écrire un livre à l'éloge de l'architecte visionnaire de la Sagrada Familia. Dans les maisons d'artistes de l'époque, encombrées d'art nègre, je vantais le Modern'Style. Je criais : « Le moindre miroir 1900 contient plus d'esprit que vos tam-tams et vos totems ! Vous piétinez la civilisation gréco-latine ! » Aujourd'hui la brocante du post-romantisme fait fortune. Je prédisais : « Après le surréalisme, nous verrons une période d'art abstrait total, la nuit obscure de Saint Jean de la Croix, le néant et le noir. Ensuite, nous redécouvrirons avec extase les images concrétissimes ». Un jeune peintre anglais connaît en ce moment le succès : il reproduit par morceaux une photo en couleurs. Chaque morceau est une abstraction, qu'il copie exactement. A la fin, il a exécuté un double à l'huile du chromo représentant le lancement du Queen Mary, ou deux petits chats dans un panier. Le merveilleux double cocufiage ! Après le Pop Art et l'Op Art, l'art optique cybernétique. Après encore, les super-Meissonier monarchistes.

Je crois ma personne intelligente, viscéralement prophétique, plus importante que ma peinture. Si j'ai coutume d'affirmer que je suis un très mauvais peintre, ce que s'empressent de croire les imbéciles qui ne me situent pas correctement dans la hiérarchie contemporaine, cela signifie que je suis le premier dans une époque nulle. Je suis, sans assez de difficulté, le seul peintre impérialiste classique. Ratés ou non, mes tableaux intègrent, ordonnent, le plus grand nombre possible d'éléments de ma connaissance et de ma sensibilité. Vélasquez aurait pu peindre cinq cents ans sans jamais se répéter. Dans son classicisme vertigineux, il pouvait intégrer chaque nouvelle émotion, chaque nouvelle démarche de sa pensée, chacune de ses aventures esthétiques, mais aussi son désir sexuel du moment, ses rêves, sa grippe ou sa digestion. Tandis que mes contemporains sont condamnés à répéter leurs tableaux hyperspécialisés. Leur toile ne peut rien absorber d'autre que leur manière, alibi d'une technique misérable.

On m'appelle le « Divin ». J'ai pris rendez-vous avec le Divin. Demain, nous dînons avec le Divin. Je n'ai ni inventé ni suscité ce délirant qualificatif. Un jour, Eugenio Montez, prononçant une conférence pour un groupe de mes amis, déclara : « Si Dali peut être comparé à quelqu'un, c'est à l'archangélique Raymond Lulle ». On décida, mi par jeu, mi par respect, de me nommer Dali l'Archangélique. Cherchez autre chose, dis-je, c'est grotesque. On songea au divin Marquis. Cette ambiguïté : mon érotisme et mes aspirations mystiques, enchanta ceux qui me connaissaient assez bien. Je suis, depuis, le Divin Dali. On donnait ainsi aux artistes de la Renaissance un qualificatif glorieux. Comme la tradition m'est chère, va pour le Divin. Il est à constater qu'un mot porte son poids spécifique, qu'il aimante des sentiments, quel que soit le crédit qu'on lui accorde. Quand je cherche à pervertir délicieusement des jeunes personnes, il arrive que celles-ci accordent au Divin Dali ce qu'elles eussent hésité à céder à Dali tout court.

La popularité, même la plus médiocre, m'enchante. La gloire, pareille au soleil, se reflète dans toutes les eaux, les purissimes commes les croupies. Je me conduis gentiment avec le public, par le même souci de prudence qui me rend généreux en cas d'épidémie ou autre calamité collective. Je verse de l'argent au maire, bien que l'inondation, esthétiquement et sadiquement, me ravisse. Mais attention, me dis-je, car tu pourrais être jugé à la fin des temps, s'il y a une fin des temps et un juge. Ainsi ne me verra-t-on jamais refuser un autographe, quelles que soient la personne et les circonstances. Attention au jour où nul ne te demanderait plus rien, fais l'aimable tout en te jouant de la crétinisation publicitaire ! Je signe les cartes postales, les mouchoirs, les rubans, les peaux, les murs, les cartes routières, les cravates, les sandales, les slips, et plus je vois de gens informés de mon existence, mieux je constate que l'esprit circule autour de la planète et que la noosphère se constitue, de sorte que partout sur le monde je puisse nager dans mon propre bain. Tout témoignage de mon existence en autrui apaise mes inquiétudes sur le peu de réalité des choses, du monde et de moi-même. Dans tous ces yeux où je me vois vu, je puise ma substance. J'avais, devant les caméras de la télévision, transformé des oursins en peintres abstraits. L'adrénaline convulse l'agonie de ces sexes marins purissimes à la pudeur aiguë. Une fine aiguille encrée, plantée dans leur bouche d'aristotèle, traduit en graphismes leurs orgasmes tragiques. A quelque temps de cette expérience publique, je me rends à un gala sur les Champs-Elysées, et, descendant de voiture, j'entends la foule crier : « Vivent les oursins ! ». Allons, me suis-je dit, ça fonctionne ; du Dali imprègne toujours ces cerveaux, fêlés ou non, et mieux valent des images clownesques de ma réalité que pas de réalité du tout. Cependant, je me sais une réalité, et je connais sa nature, fort peu naturelle. Il faut être absolument ignorant du caractère d'évidence que peuvent prendre les colorations du monde intérieur pour imaginer qu'un homme puisse être génial sans le savoir. Je sais que je suis un génie. Je sais par quel feu s'introduit cette grâce de Dieu, ce don angélique. J'ai reçu pleine mesure de cette sagesse dont parle Paracelse, qui suggéré au professeur Jayle, grand spécialiste de la vision, de construire des lentilles de contact susceptibles de provoquer des rêves par le déplacement de phosphènes artificiels. Si mon invention pouvait être mise au point, elle permettrait, au réveil du rêveur, de projeter sur un écran les influx ayant provoqué le songe. Si mon hypothèse est juste, le patient reconnaîtrait, dans ce film abstrait, les images concrètes de son rêve. On aurait réalisé, pour la première fois, une photographie des codes de la pensée onirique. Mais je reviens aux structures divines reçues pendant la sieste. On raconte que Picasso, se trouvant en Italie, eut besoin d'éther. Il se rendit chez le pharmacien et, faute de connaître le mot, dessina la chose. Un psychanalyste qui m'étudiait me proposa de dessiner la structure de l'acide désoxyribonucléique, l'ADN, autrement dit. Immédiatement, sans réfléchir, comme guidé, comme si j'avais déjà reçu l'image, je dessinai l'escalier colimaçon de Crick et Watson, quinze ans avant que ces deux savants ne le découvrent. Lorsque le travail de ceux-ci fut publié, j'eus un éblouissement de joie, je dansai intérieurement de reconnaissance, je remerciai le ciel de m'avoir tant donné.

Suis-je orgueilleux ? J'ai l'orgueil de ce bal de l'orgueil que donne en moi le génie. Naguère, moins conscient de ce qui m'habitait, je ne me sentais aucune responsabilité. Aujourd'hui, je porte plus d'attention à mes actes et à mes pensées. Je mesure mes idées à celles des plus grands hommes vivants. Dans ma vie quotidienne, tout geste devient rituel. L'anchois que je mâche participe, de quelque façon, au feu qui m'éclaire. Je suis la demeure d'un génie. Cela me contraint à soigner cette demeure et je me soumets à la contrainte, j'obéis avec joie à cette sainte inquisition. Génie ailé ! Ses ailes sont celles des condors de *La Marche Triomphale de Ruben Dario*, le poème le plus pompier de toutes les littératures, que Lorca récitait les yeux fermés, en extase, se libérant à la fin par un éclat de rire prodigieux qui le rendait à ses charmes, ses démons et à l'enfance.

L'or

Quand je retenais mes crottes
L'or caché
Ma peinture est un iceberg
Ce que Freud m'a dit
Un mot sur l'amour cathare
La révolution des forgerons et le problème des pissotières en or
La gloire de Gustave Moreau
Les corbillards trop discrets et les couleurs trop gaies
Caca Dauphin
Le sublime délire de Catherine de Sienne.

Me venger d'être trop aimé ? M'affirmer pour effacer le souvenir de mon frère mort ? J'étais le type même du pervers polymorphe. Je jouissais d'infliger des supplices à mon entourage, et mes premières années furent marquées par une anomalie freudienne caractérisée : le plaisir suraigu de retenir mes crottes. Rouge, serrant les fesses, je dansais d'un pied sur l'autre à travers la maison. On me suivait d'un air inquiet. Je m'enfuyais, gardant mon trésor dans mes entrailles nouées. Je cherchais un lieu de dépôt inattendu : un tiroir, une boîte à chaussures, le sucrier. J'attendais encore, les larmes aux yeux, le souffle court. Enfin, dans un frisson convulsif, avec de voluptueux regrets, je chiais dans ma cachette. Puis je filais à toutes jambes dans le jardin en criant : « C'est fait ! » Branle-bas, panique, désespoir et honte de la maison : pelles et torchons aux poings, mes parents et les bonnes s'élançaient vers de sinistres explorations. J'ajoutais à mes charmes le pipi au lit. J'ai pissé dans mes draps, volontairement, très longtemps. Mais ce n'était qu'un supplément au caca secret. Mon père m'avait acheté un beau tricycle qu'il avait juché au haut d'une armoire, pour le jour où je ferais « toutes ces choses normalement ». Mais je persistais. Je ne devais me ranger qu'aux environs de la huitième année. Toute ma petite enfance fut ainsi dominée par la hantise du trésor à garder et qu'il faut cacher. On sait que, pour le psychanalyste, les excréments et l'or sont liés comme ils le sont dans les vieux mythes de la poule aux œufs d'or ou de l'âne qui lâche des écus. De sorte que ma passion pour l'or n'est sans doute pas étrangère à ma passion enfantine. Très vite, la matière même de l'or m'apparut d'une beauté hallucinante, et il me fallut des costumes de roi surchargés de dorures. Je rêve encore de vivre enveloppé d'or. Je voudrais que tout, dans ma maison, fût en or. Mais en or caché, recouvert d'une matière humble et noble comme le plâtre. Tourner une poignée de porte blanche, et savoir que, dessous, c'est de l'or fin ! Prendre son bain dans une baignoire de faïence et se dire : « Sous ce revêtement, je pourrais le faire apparaître ! » Je suis persuadé que l'or n'est pas seulement précieux parce qu'il est rare, mais parce qu'il est doué d'une fonction magique. Je suppose qu'il était un métal sacré bien avant que l'on en fît un étalon de valeur. Dans les peuples archaïques, il était sous la protection des prêtres qui ne gardaient pas uniquement la richesse mais une matière d'essence sacrée qui, par sa perfection substantielle, avait partie liée avec l'harmonie du cosmos. Je veux, comme ces prêtres, l'amasser sous ma protection, l'enfouir dans mes cavernes, avec une avarice toute religieuse. Comme on s'en doute, je n'ai pas une extrême sympathie pour Auguste Comte, mais je lui pardonne beaucoup pour ses lettres d'amour démentielles et pour avoir dit, au moment où on le pressait de fonder sa religion : « Avant toutes choses, occupons-nous des banques ». Cette optique réaliste-mystique m'est chère, car l'or est le ciel concentré, la puissance à l'état pur et un gage d'éternité. C'est sur l'or que je fonde l'église Dali, avec beaucoup d'âpreté et de prudence, et l'idée que mon or fructifie dans mes banques, sans bouger, bien à l'abri dans les coffres, me ravit, me rassure, m'exalte. Je veux qu'il vive de sa propre vie de force concentrique, qu'il ne serve à rien : qu'il soit. Gala pense très positivement que notre fortune nous permettrait de nous faire soigner, si nous sommes malades, dans les meilleures conditions possible. Pour moi, ce qui domine, si je songe à l'utilisation, c'est l'idée enfantine de ma propre survie par hibernation. C'est avec mon argent caché que je pourrai me payer une machine à durer. Sur un plan moins naïf, c'est en gardant mon trésor que je travaille à immortaliser Dali. C'est avec l'or caché de l'hyper-conscience que mon âme se paiera l'immortalité.

Dans mon art, j'obéis à cette passion du trésor caché. Par amour de la dissimulation, je fais une peinture de facture classique et je vante l'art pompier. Il ne me déplaît pas que l'on me prenne pour un médiocre peintre académique et qu'un malentendu se soit installé entre le public et moi. Le jour où l'on s'occupera sérieusement de mon œuvre, on verra que ma peinture est comme l'iceberg qui ne montre qu'un dixième de son volume. Je m'emploie jésuitiquement à cacher mes valeurs, tenant l'hypocrisie jésuite pour une technique magistrale. Ainsi, mon exhibitionnisme masque ma véritable personnalité. Je me dérobe aux regards tout en les attirant et, à l'abri du dandysme le plus provocant, je me replie dans la dernière pièce de mon palais pour manipuler tout seul mon or.

Je crois que mon classicisme appliqué contient en secret plus de libertés que l'art dit libre. C'est le classicisme qui renferme la plus forte charge explosive parce qu'il est la dissimulation extrême. Ceux qui continuent à refaire du surréalisme ou de l'expression spontanée sont condamnés au néant du manque de style. Pour parvenir à l'œuvre, il ne s'agit pas de désintégrer, mais au contraire d'intégrer. Au lieu d'utiliser l'état d'esprit surréaliste à des fins anarchiques, il est vital de le couler dans les canons du classicisme avec une application telle que, ce faisant, on l'oublie et qu'il se mette alors à vivre de sa propre vie. Freud a prononcé la sentence de mort du surréalisme en tant qu'école picturale, et de tout art sans structure ni contrainte formelle, quand il m'a dit : « Dans une peinture classique, je cherche le subconscient ; dans une peinture surréaliste, je ne trouve que du conscient ». André Breton méprisait Raphaël par anticléricalisme primaire. Il ne pouvait supporter l'image d'un Christ ou d'une Madone. Mais il ne voyait pas qu'à travers la convention, le langage subversif du subconscient s'exprime de manière beaucoup plus intense et authentique que dans l'anarchie élaborée d'un tableau surréaliste. C'est pourquoi je m'efforce fanatiquement de retrouver la grande tradition. Qui dit pompier dit feu. Je suis un pompier pyromane.

Valeurs cachées, or enfoui, énergie secrète qui ne doit pas s'écouler au-dehors : on reconnaît là une conception ésotérique de la vie et du monde qui s'affirme aussi dans mon érotisme du regard, de l'affleurement, du toucher tout en ne touchant pas, de l'œuf sur le plat sans le plat. Dissimuler mon génie, garder mon or, retenir mon sperme : un érotisme mystique et proprement alchimique. Au Moyen Age, avec un grain de poudre de projection, l'adepte tentait de changer deux livres de vile matière en or pur. Avec une pincée de génie, j'essaye de spiritualiser et d'immortaliser les soixante-dix kilos de chair de ce Dali dont le nom signifie désir. Faisant de ma vie entière un objet d'alchimie, je me considère volontiers comme un descendant du Catalan Raymond Lulle, glorieux métaphysicien, mystique, alchimiste, apôtre, auteur des douze principes de la philosophie et du fameux testament de l'art alchimique universel. Accusé par les thomistes, condamné par une bulle papale après sa mort, alors que la Catalogne le vénérait déjà comme un saint, ce missionnaire de plus pur esprit chrétien et hermétique, ce docteur illuminé devait finir en martyr, à plus de quatre-vingts ans, lapidé par les Arabes à Bougie. Mes génies sont catalans, mon génie est de Catalogne, pays d'or et d'ascèse. La passion de Dieu, de l'or, et une érotique de la non-consommation vont de pair dans l'âme mystique de mon pays. Il n'est donc pas étonnant que notre terre aride fourmille de trésors enfouis (comme la chèvre d'or du château de Carmanso bâti sur le modèle de Montségur) et soit un lieu d'élection de l'amour courtois hérité, à travers les troubadours, de l'ascèse cathare. Les filles de l'Ampurdas chantent encore aux garçons qui les assaillent : « Beaucoup regarder, mais ne pas toucher ! » C'est l'écho de la vieille copla catalane :

Même le Saint-Père de Rome
Ne ferait pas ce que j'ai fait :
Dormir avec toi une nuit
Et ne pas toucher ton corps.

J'ai pour Staline un attachement que la méthode paranoïa-critique m'a permis d'élucider. On sait que c'est une méthode qui met au jour, par l'exercice de l'attention, les structures complexes mais légitimes des pulsions de l'inconscient. Pourquoi Staline ? C'est une projection du père tyrannique, superbe ennemi intime. Je suppose qu'au lendemain de la déstalinisation, la momie du petit père des peuples ne devait plus valoir que quelques sous et je regrette de ne l'avoir pas achetée. Je l'aurais enfouie, dans mon jardin de Cadaquès, sous un manifique monument dalinien. Mais Staline, c'est aussi l'or. Durant la guerre civile, d'énormes réserves d'or furent transportées en Russie. Les Soviétiques n'ont jamais restitué ce trésor, en dépit de multiples démarches. Un jour, les ingénieurs fessus qui gouvernent tristement la sainte Russie avec une règle à calcul finiront par déclarer sans honte qu'ils ont tout gaspillé en missiles et en spoutniks, c'est-à-dire en gadgets de mégalomanes, et l'idée que l'or de l'Espagne religieuse se dissipe en machines-outils de rationalisme m'est insupportable. Associant Staline à mon père, l'or à la génialité et l'Espagne à moi-même, il m'arrive de rêver que cet or m'est dû. Mais Staline incarne aussi pour moi le Forgeron, l'homme qui poursuit dans la violence moderne le travail de la métallurgie sacerdotale. Pour l'humanité archaïque, l'apparition de la métallurgie n'était pas une simple invention, mais une révélation, car seule la divinité pouvait conférer à l'homme le pouvoir d'extraire de la richesse du sein maternel de la terre. Cette activité a des incidences spirituelles d'une nature redoutable. Le forgeron déchaîne et combat à la fois les forces obscures et chaotiques de la nature. « De même, dit Titus Burckhardt dans son livre sur l'alchimie en parlant du traitement des métaux, l'homme ne parvient à dégager son trésor intérieur, dans sa pureté et son rayonnement immuables, qu'en triomphant des forces sourdes et troubles de son âme ». Le forgeron va chercher l'or dans les enfers. Comme j'ai eu l'occasion de le dire, en 1964, dans mon discours à l'Ecole Polytechnique, il faut voir dans la révolution russe une action occulte mais déterminante des sociétés secrètes, et particulièrement des sociétés dites de forgerons, reliées à la tradition alchimique. A partir de là, des coïncidences exagérées apparaissent. Le personnage de Lénine, choisi par les acteurs souterrains de la révolution, s'éclaire d'étranges lueurs. Lénine avait pour l'or une passion immodérée. Cette passion était inscrite dans son sang même. Il était syphilitique et l'on sait que Paracelse, déjà, avait décelé les rapports du tréponème et des sels d'or. Nous ne savons pas si Ignace de Loyola était atteint du même mal, mais nous savons qu'il devait provoquer dans la décoration des églises une orgie de dorure et qu'il ressemblait trait pour trait à Lénine. Verlaine, envahi par la vérole, passe ses derniers instants, dans sa pauvre chambre d'hôtel, à peindre en or sa cuvette, sa chaise, son pot. Lénine, lui, a réellement tenu ce propos extraordinaire : « Camarades, le jour où nous détiendrons le pouvoir, nous construirons des pissotières en or ». On m'accusa de loufoquerie lorsque j'attirai l'attention sur cette fabuleuse déclaration. On crut à une invention dalinienne. Mais lorsque Khrouchtchev vint à Paris, il se rendit à l'appartement qu'avait occupé Lénine et dit à la foule : « J'espère que nous pourrons un jour, comme l'a promis Lénine, construire des pissotières en or ». Il est bien évident qu'aucun docteur en marxisme ne saurait justifier dialectiquement cette parole imputable au délire syphilitique, mais aussi à l'idée profonde, alchimique, selon laquelle la matière la plus vile est la signature d'un trésor. C'est dans le Paris des années 20, capitale des intelligences révolutionnaires, que les « soupeurs » furent les plus nombreux. Aux débuts du surréalisme, je me suis livré à une enquête sur ces amateurs de pain trempé dans les pissotières et me suis aperçu qu'ils étaient, en majorité, socialement révoltés, affiliés à des partis de gauche, épris de justice absolue, et impuissants. Le pain-pipi était leur hostie. Ils faisaient griller les croûtons trempés dans l'urine de Paris qui était inconsciemment pour eux un or liquide collectif. Maupassant à l'asile refusait de pisser, croyant que son urine charriait des diamants. L'idée des vespasiennes en or, née chez les Russes, me paraît donc significative. Ils ont intuitivement (tréponème de Lénine) ou consciemment (ésotérisme des sociétés de forgerons) mis l'accent sur la correspondance de l'excrément et de l'or. « La substance que l'on cherche est la même que celle d'où l'on doit la tirer », dit l'adage alchimique. Cette vision implique une descente aux enfers et elle engage une conception surhumaniste de la politique, de la morale, de la philosophie. La fin justifie les moyens. Toute forge est alchimique, créatrice d'or, c'est-à-dire d'absolu. L'humanisme, lui, suppose une vision décantée de l'homme et de la nature ; cet idéalisme exclut de la nécessité historique les bourreaux et les chaînes comme il exclut de l'humain l'odeur du sang versé, de la pisse et de la merde. C'est l'idéalisme américain.

Les Américains puritains, physiquement et spirituellement désodorisés, bourrés de bonnes intentions, n'aiment ni l'excrément, ni la sueur, ni la mort. Par là-même, coupés des réalités sauvages, ils n'aiment pas l'or. Ils vénèrent le dollar, ce qui est très différent : une abstraction, récompense du mérite scout, dispensatrice de biens, de confort, de santé, de luxe, de charité, de culture, etc. Breton, je l'ai déjà dit, a fait en ma faveur un acte magique lorsque, pour stigmatiser mon avidité, il a trouvé l'anagramme de mon nom : « Avida Dollar ». C'était se tromper lourdement sur moi, mais les Américains ont été rassurés sur ma personne : « Vive Dali, il est des nôtres, il idolâtre le dollar ! » Une pluie ininterrompue de billets verts s'est abattue sur moi. Cependant, si j'aime l'or, c'est que la nature de mon esprit est à l'opposé de la nature de l'esprit américain. Je concède cependant que je me suis toujours conduit en grande courtisane. Dès mon premier débarquement à New York, je fis savoir que j'étais prêt à accepter toute commande bien payée. Scandale chez les surréalistes ! Dali fait des flacons de parfum, des tapis, des cravates ! Mais ces incultes misérabilistes ignoraient que Michel-Ange dessinait les jarretières du Pape et les costumes des gardes du Vatican. Il n'y a aucune sorte de déshonneur à marquer son siècle dans le plus grand nombre de domaines possible, et je ne fais rien, en mode, en meubles, en décors, en ballets, en orfèvrerie, qui ne soit du Dali. Les artistes purissimes qui m'aboyaient aux talons ont d'ailleurs tous fini par m'imiter, mais honteusement. Ils avaient quelque raison d'être honteux. Ils couraient après l'argent qu'ils méprisaient ou affectaient de mépriser. Moi, je fais de l'or que j'adore. Sartre, petit bourgeois universitaire, estime sans doute que l'or est une matière avilissante. Je crois que c'est une matière ennoblissante, le produit et la preuve de la connaissance. Pour l'idéaliste humanitaire, l'homme est une abstraction, « une passion inutile », comme dit Sartre. Pour le mystique que je suis, l'homme est une matière alchimique promise à l'aurification, un trésor caché qui mérite des fouilles profondes jusque dans les entrailles. Pour le chrétien dégénéré, humaniste, idéaliste, un saint ne chie pas. Pour le vrai catholique apostolique et romain, tout est saint dans le saint, et son trou du cul aussi est une relique.

Quand je peins, l'une de mes jubilations est de savoir que je suis en train de faire de l'or, et je le sais en toute légitimité, puisque chacun de mes tableaux engendre un gros chèque immédiatement converti en métal noble. Les gens de Cadaquès, plus subtils que Sartre parce que plus naturels, en conçoivent pour moi une admiration où n'entre pas du tout la servile dévotion du pauvre pour le riche. Ils me regardent comme une pierre philosophale. Et, comme je suis avare, ils disent plaisamment : « Mais pourquoi Dali est-il si serré puisqu'en faisant bouger un petit peu son pinçouillet, il crée de l'or ? » Je ne puis leur expliquer que cette avarice même est alchimique, désir de puissance absolue et que je fais mijoter mon or à des fins d'immortalité.

Gustave Moreau, le plus glorieux des peintres érotiques et scatologiques, ne poursuivait qu'un but, fanatiquement : voir apparaître de l'or à la pointe de son pinceau. C'est avec les couleurs excrémentielles, les ocres, les terre de Sienne, qu'un très bon artiste parvient à suggérer la matière de l'or, et c'est ce que recherchait Moreau. Ses tableaux ruissellent de chaînes, de breloques, d'agrafes étincelantes. Les robes sont couvertes de pendentifs, de boucles, de parures, de fermoirs rutilants. Un catholique moyenâgeux comme Claudel ne s'y est pas trompé : l'or de Moreau sort des entrailles, c'est la vile matière transmutée, une assomption de l'excrément. A ceux que j'aime, je recommande de visiter le musée de Gustave Moreau, d'aller s'enfoncer dans cette pénombre où flottent des constellations de pierres précieuses venues du gouffre des hantises érotiques et scatologiques, comme autant de promesses d'une rédemption archangélique. Les épigones de Moreau, qui ont fait la gloire de l'art moderne, ne sont que des petites gens, des reflets caricaturaux du magicien. Agrandissez un détail de Moreau : vous verrez apparaître le Roi Juif de Rouault. Mais un Roi Juif somptueux, alors que celui de Rouault est empâté, sans force ni virtuosité ; il ne sort pas des entrailles, il est déjà une idée, un ballon.

L'or, comme chez Moreau, naît du sombre, des abîmes, de la matière obscure, et c'est pourquoi notre civilisation sans grandeur est celle des couleurs fraîches, gaies, c'est-à-dire non humaines et non divines. Voyez l'Amérique. D'ailleurs, les Américains ont des hémorroïdes. Je veux dire qu'ils ont le fondement mal fermé. Incertains de leurs mérites, ils répandent sous eux les fortunes qu'ils amassent, pressés de se relâcher sitôt le repas pris. Leurs biens s'écoulent dans les instituts, les Unesco, mille entreprises humanitaires. Je fais de l'or en me concentrant jusqu'à l'hyper-conscience. Ils gagnent leurs dollars en se dispersant jusqu'au non-être. La mauvaise conscience provoque en eux aussitôt la diarrhée humaniste. Le marquis de Cuevas me racontait qu'il avait vu Rockefeller se nourrir d'eau glacée et de minuscules sandwiches chlorotiques. « Aimez-vous donc tant les sandwiches ? — Non, répondit Rockefeller, je n'aime rien, sinon faire de l'argent sans jamais l'utiliser pour moi ». Cela peut paraître vertueux. En réalité, c'est exprimer une crainte obscure du tragique et des grandeurs de la vie individuelle, de la douleur et de la gloire d'être. L'or est une célébration de l'âme. Les Américains fuient l'or comme leur âme. Ils en font quelque chose de mou, d'indivisible, d'abstrait, qu'ils appellent amour de l'action et civisme. Ils l'ont à peine attiré qu'ils le rejettent loin d'eux. Qu'en feraient-ils pour eux-mêmes, en effet ? Ils ne sont pas. Rapprochez cette attitude, je vous prie, de leur grande peur de la mort, de leur dégoût des odeurs corporelles, de leur épouvante des excréments.

Dans les pays de tradition spirituelle, la mort revêt une importance solennelle. Elle est présence, fascination, apothéose. L'Escurial avait son pourrissoir où les corps se décomposaient sous les yeux et le nez des vivants. Travail des vers accompli, fermentation et liquéfactions achevées, on déposait le squelette dans un sarcophage d'or, hommage aux forces divines qui corrigent l'entropie. En Amérique, on farde le mort empaillé ; il fut un vivant mort, le voici mort vivant ; puis il passe du taxidermiste à l'escamoteur qui l'emporte dans les champs de l'oubli. O mort, où est ta vie ? L'énorme gomme parfumée à effacer le réel est passée. Tout le mouvement de notre civilisation, qui réduit l'espace de notre vie intérieure, tend à minimiser la mort, les corbillards automobiles deviennent de plus en plus discrets. Le mort n'arrête plus la circulation. Il fonce invisible vers sa tombe standardisée, sans que vous ayez eu le temps d'une pensée ou d'un signe de croix. Il ne s'en va pas, il s'esquive ; il s'en voudrait, furtif, que son passage vous rappelle un instant à la vie, que son profond sommeil vienne déranger la somnolence générale. Et c'est par le même mouvement de fuite qu'à l'exemple des Américains nous chassons de notre vie quotidienne les couleurs nobles, qui sont les couleurs sombres. Nous disons que le décor de la vie devient gai ; tout est lavande, pistache, rose. Nous fabriquons avec frénésie des couleurs anti-merde, par désir panique de nous dérober à l'existence. Mais les couleurs de la noblesse, de la bonne cuisine et de la grande peinture sont les bruns de Chardin, le jaune fumé des ortolans, les marrons du civet de lièvre, la palette somptueuse des excréments. Je ne sais où j'ai lu le récit d'une cérémonie sublime qui eut lieu à la cour de France, peu après la naissance du Dauphin. En présence des dignitaires et des meilleurs artistes du royaume, l'enfant divin libéra ses intentions. On recueillit précieusement les nuances de l'excrément royal, les cuivres, les ocres, les verts, les bruns, et la Cour s'habilla aux couleurs du Caca Dauphin. Je ne sais rien de plus soumis à la tradition et de plus subversif à la fois, rien de mieux légitimé et de plus scandaleux, rien de plus noblement vivant. Les siècles d'or sont ceux où le tout de l'homme est honoré et où une pensée verticale, dont les racines sont au ciel, transperce les réalités, s'enfonce en celles-ci sans dégoût ni peur, ne se dérobe ni à la mort ni à la merde. Il n'est pas étonnant que le plus fameux éloge de l'or ait été composé par Quevedo, contemporain de Vélasquez, auteur d'un non moins fameux éloge du trou du cul. L'un et l'autre poème sont d'inspiration mystique : l'or, symbole de pureté ; l'anus, symbole de soumission à la matière, mais aussi porte des rejets quand la purification a été assumée, anneau de conclusion des échanges. Comme pour le Caca Dauphin, nous sommes dans le subversif. Mais il y a une subversion primaire qui est de l'ordre de l'entropie, et une subversion spirituelle qui est de l'ordre du redressement des énergies.

Puisque j'évoque les siècles de majesté, je ne peux résister au plaisir de vous conter cette histoire vraie et merveilleuse rapportée par Balthazar Gracian. Un juif portugais devait être honoré de la visite de Charles Quint. Il fit daller le chemin conduisant à sa maison de pièces d'or à l'effigie de l'Empereur. « Mais, lui dit l'envoyé, il se peut que Sa Majesté ait du déplaisir à marcher sur son propre visage. — J'y ai songé, répondit l'hôte ; les pièces sont posées sur la tranche ». Voilà le luxe magnifique, politesse de l'âme, amour du sacré jusqu'à la folie. Siècles d'or, siècles de vie.

Je reviens à mon propos. Scatologie, Eros de sacristie. Il n'est pas étonnant non plus que les plus grands mystiques de l'époque aient tant de fois évoqué les vents, la défécation, et mêlé à leurs élans extatiques des pulsions érotico-anales. Catherine de Sienne avait une passion pour l'or, souhaitait que toutes les croix fussent en or, et a proféré un désir qui porte la fureur religieuse et charnelle, le délire spirituel, l'abjection glorieuse et l'amour suprême à un sommet qui n'admet pas de réplique. Elle s'est écriée : « Je voudrais être chevauchée par le Christ — chevauchée ! comme si j'étais une croix ! ».

L'érotisme

La partouze est au clédalisme ce que la chèvre est à la licorne
La fête interrompue ou l'ultime perversion
Histoire fabuleuse du sacrifice de la femme nommée Christ
L'odeur de sainteté
L'érotisme commence au tiers
Les situations théâtrales du désir
Une saga de la chasteté

J'écris une pièce que je mettrai en scène pour des initiés : *La Tragédie Erotique.* Du nom d'un des personnages qui incarne mes obsessions, j'ai tiré le mot : clédalisme. Le clédalisme est une forme particulière et majestueuse d'érotisme, d'un raffinement extrême, réservé à une étroite élite constituant une société secrète dalinienne. C'est donc aussi le nom d'une de mes passions, laquelle est en opposition parfaite avec ma passion amoureuse pour Gala. Je suis aux pieds de Gala, dans un état de soumission et de spiritualité absolues, tandis que le clédalisme est une passion de domination démiurgique. Si vous le permettez, lecteurs, et même si vous ne le permettez pas, je vais entrer dans la description concrète, en usant néanmoins de quelque discrétion, non par respect d'autrui, mais afin de pouvoir continuer sans dérangement mes précieux exercices.

Il s'agit de rassembler plusieurs personnes, une quinzaine au minimum, en vue d'une cérémonie érotique. Je vous prie de ne pas penser à une vulgaire partouze, et ceci pour trois raisons. La première est que mes participants sont choisis avec une rigueur extrême pour leur beauté, leur esprit et leur inaptitude originelle à ce genre de préoccupations. La seconde est que le jeu central consiste à les convaincre, à les faire mentalement basculer, au cours de rencontres en apparence fortuites, à les annexer à un système dalinien très subtil dont l'essentiel leur demeure incompréhensible. Quant à la troisième raison, suprêmement perverse, je vous la confierai tout à l'heure.

Par inaptitude originelle, j'entends la résistance morale, la réserve, le quant-à-soi, l'ignorance. Au début, les gens que je choisis prétendent être fort peu intéressés, encore moins attirés. Les filles veulent toujours vous persuader qu'elles n'ont pas le moindre désir lesbien. Parfait. Je ferai en sorte qu'il naisse en elles, qu'il croisse, qu'il les brûle. De même pour les beaux garçons : rien d'homosexuel ? Dali veut qu'ils soient pédérastes, et ils le seront.

Je commence par organiser la rencontre de deux êtres, parfois costumés par mes soins, convaincus d'aller à la découverte d'une personne sublime, étrangement séduisante, bouleversante. Puis c'est un dîner de trois, puis de quatre, de six, etc., avec force préparations, discours, entretiens énigmatiques, grand déploiement de diplomatie esthético-érotico-amoureuse. Couronnant cet édifice, j'invente une passion. Je convaincs deux créatures qu'elles sont folles l'une de l'autre sans se l'oser dire, afin que les deux se cherchent et se troublent, que les têtes et les cœurs vacillent, que le moteur du désir commence son ronflement pernicieux, exaltant, fatal. Mes délices sont à leur comble lorsque chacune vient me confier son chaud désarroi. Alors, je précise : « Vous voilà donc prête à ceci, à cela, à telle invite, à telle caresse ? ». Elle est prête, bien sûr, mes ravissantes et provoquantes précisions la fouettant.

Second acte : je crée, autour de ce coup de foudre truqué, une passion collective, un ballet d'envies. Toute la troupe est orientée vers une idée de cérémonial érotique, de rassemblement magique codifié par le génie dalinien. Tous ces gens tendus vers une participation me procurent un trouble merveilleux. Je jouis de leur complicité mentale et sensuelle qui n'eût jamais existé sans moi. Aucun d'eux n'eût jamais pensé à de telles choses, et me voici créateur d'un égrégore sans cesse plus dense. Tandis qu'ils se métamorphosent, une impatience sacrée les gagne. Ils ont complètement oublié qu'ils eussent pu refuser. Mais le pouvaient-ils ? Ne les ai-je pas choisis à cause d'une faille en eux, une vacuité tout de suite devinée et utilisée ? Je leur ai attribué un rôle. Je les ai fait entrer dans mon univers mythologique, leur donnant finalement une consistance qu'ils n'éprouvaient pas.

Il est temps, maintenant, que je dévoile la troisième raison pour laquelle le rassemblement dalinien n'a avec la partouze que le rapport de la chèvre domestique à la divine Licorne. L'ultime perversion, le colossal plaisir, est de réaliser le sabotage intégral du travail diabolique, au moment même où tant d'efforts vont aboutir. C'est d'écraser ce feu en jetant brusquement dessus une montagne de glace. C'est que rien ne se passe. C'est d'organiser, à l'ultime instant, l'échec complet. Voilà l'orgasme absolu ! La brutale inversion du puissant moteur, dont le choc se répercute jusqu'au cerveau en ondes violentes de joie démiurgique ! J'organise la catastrophe, comme Hitler a organisé sa descente au Walhalla. Car, en réalité, Hitler était un masochiste, et il souhaitait l'abîme. Qu'aurait-il fait, la guerre gagnée ? Comment aurait-il pu supporter l'énorme ennui d'avoir à gérer un empire, de se transformer en gestionnaire ? Il a cherché l'orgasme suprême dans la colossale faillite. Le doigt sur la gâchette, il a dû partir en pleine jouissance : il en avait eu pour son argent.

Le clou de ces dernières années, la plus géniale de mes inventions érotiques, a demandé quarante-huit mois de mise au point. J'avais trouvé une jeune femme d'une beauté extraordinaire, très mystique, très pure. Je l'avais baptisée le « Christ », à cause de la limpidité de son âme, d'une certaine ressemblance de visage et parce que nous étions dans la Semaine Sainte. Je déployai toutes mes armes pour la séduire, la pervertir, l'embobiner, l'enrôler, la réduire à ma volonté. J'y parvins, naturellement. Quatre ans après, elle était disposée à se plier à toutes mes volontés, en compagnie de quinze adeptes soigneusement endoctrinés, accolés par le désir et la complicité selon les figures et le rythme de mon ballet érotique imaginaire. Au cours du rassemblement terminal, elle devait être droguée pour la première fois au L.S.D., vivre un certain délire mental, visuel, sexuel, recevoir quelques outrages savamment étudiés, respecter des postures conformes à mes rêveries. Le rituel devait s'accomplir dans le grand salon de l'hôtel San Regis, à New York. Un salon de quatre-vingts mètres de long, dont les fenêtres du fond, pour mon excitation suprême, donnaient sur une église. Elle arriva, à l'heure dite, en imperméable et bas blancs, comme nous en étions convenus. Nous commençâmes la mise en place, la dernière répétition avant la cérémonie tant attendue. Or, au cours de cette répétition, manipulant son corps dénudé pour indiquer les positions, je découvre que les pieds du Christ ont une odeur sublime. Absolument propres, ils dégageaient un discret et merveilleux parfum de rose, quelque chose, sans doute, comme l'odeur de sainteté. Ce même jour, j'avais reçu la revue *The Scientific American*. C'est une publication que je lis régulièrement. Je venais d'y trouver un article sur l'olfaction. Il y était expliqué que les molécules odoriférantes d'un parfum se précipitent au fond des cavités nasales, dans un petit cul de sac dont elles épousent parfaitement la forme en creux, avant d'être signalées au cerveau. Un croquis représentait la structure dans l'espace du parfum de rose. Stupéfaction indicible, excitation dalinienne portée au-delà du soutenable, nouvelle vérification des prodigieux apports de la méthode paranoïa-critique : en imaginant la position du Christ dans ce salon, j'avais dessiné une structure absolument identique au croquis du Scientific American, à la structure moléculaire de l'odeur suavissime.

On comprendra encore une fois que tout rapprochement entre le clédalisme et l'orgie collective serait une faute contre l'esprit. La partouze se déroule toujours dans l'anarchie gélatineuse, alors que l'érotisme dalinien obéit à une organisation rigoureuse issue de mon délire, à une orchestration et une hiérarchisation des formes, des mouvements, des couleurs. Ainsi, pour disposer convenablement le corps de cette célébrante, nommée par moi le Christ, j'avais dessiné sur le plancher le diagramme de l'odeur la plus proche de l'odeur de sainteté puisqu'elle est composée de 60 % « d'embaumé », un corps très connu en parfumerie et en théologie ! Bouleversé, je téléphonai immédiatement au docteur Paul Colin pour obtenir des détails sur la composition chimique de l'odeur des pieds. J'appris qu'elle était sensiblement la même que celle de la rose ! Et ainsi pour les mains, chez les êtres de santé parfaite et d'hygiène absolue.

Je me souviens que Garcia Lorca disait : « Les pieds de Jésus avaient l'odeur et la température de la rose ». La première et la seule fois où Lorca fit l'amour avec une femme, il eut un élan lyrique merveilleux. Il la berça, dans ses bras, après l'orgasme, et il lui murmura en lui prenant les mains : *En la yema de tus dedos, rumor de rosas encerradas.* Je ne puis traduire la *yema* : c'est le jaune de l'œuf, la partie dorée de l'œuf, l'or fluide, la plus grande finesse, la plus délicate douceur, à quoi Lorca compare la peau tendre, légèrement ocrée et translucide de l'entre-doigts. « Il y a un bruit de roses à l'intérieur de tes doigts ». Je me rappelai alors cette parole sublime, électrisé par la jubilation de toutes ces coïncidences significatives.

J'imagine les raffinements érotiques les plus compliqués, les combinaisons les plus savantes, les situations les plus suavement impossibles, je suis prêt à dépenser des millions en dîners, démarches, invitations, costumes, éclairages, décors. Mais mon désir le plus ardent est que rien n'arrive. Rien ! Pas même de contacts entre tous ces êtres, si difficilement réunis, amenés, par tant de roueries et de charmes, au consentement puis à l'impatience. Pas un effleurement ! Une déception formidable ! Un recroquevillement glacé ! L'annulation stupéfiante !

Ceci ne m'empêche pas, bien au contraire, de prendre un immense plaisir aux préparatifs qui, je l'ai dit, peuvent durer des semaines, des mois, des années. Pour ces préparatifs, j'ai toujours près de moi une femme que j'appelle le notaire. Je tiens de mon père, respectable notaire de Figueras, le goût de la précision, de l'enregistrement soigneux des faits. Donc, mon « notaire » a pour fonction de noter tout ce qui se passe et tout ce qui se dit, assistant à chaque rencontre, créant ainsi entre les êtres, par sa présence quasi sacerdotale, une complicité délirante.

On peut lire sur les carnets que, tel jour, à telle heure, Dali a reçu telle personne. Cette personne était coiffée de telle façon, vêtue comme ceci et comme cela, portait un sac à main de tel sellier. Elle a consenti tel geste, s'est engagée à coucher de telle manière avec telle autre personne, et se prêtera tel jour, à telle heure, dans telle position, à telle petite cérémonie préparatoire, comme par exemple, l'introduction d'une paille dont on enflammera l'autre extrémité, le rituel dalinien du feu, le... et le ... Permettez-moi de refermer le cahier du notaire. Il convient que, comme Nietzsche, je mette une barrière autour de ma doctrine pour empêcher les cochons d'y entrer.

La vie moderne rend malaisée la réalisation d'une séance dalinienne — ou plutôt clédalinienne. Il faut un temps fou pour ajuster les moments de liberté de chacun. Et puis, il pleut : on ne trouve pas de taxis, il y a des embouteillages. L'équilibre est rompu, il faut décommander les uns, renvoyer les autres. Grande agitation de mon secrétariat luciférien. Moi, je me dis : Bravo ! Les hasards jouent contre mon projet ? Tout s'est déjà déroulé, de manière encore plus fastueuse et raffinée, dans mon imagination. Epargnons-nous la corvée d'assister au déroulement réel. Profitons de l'occasion pour retarder encore la réalisation. Inventons de nouvelle perversions, des préparatifs complémentaires, multiplions les bâtons dans les roues de la caravane d'Eros ! Ce que je fais immédiatement, alors que ma troupe s'affole d'impatience.

Le Christ était prêt, les officiants en place. Je recommandai au notaire de consigner les environnements. J'avais situé l'héroïne exactement dans l'axe du clocher de l'église. Des lampes de bateau servaient à l'éclairage, ainsi que des gaz colorés. Dans cette ambiance floue, le Christ, déjà droguée, caressée plusieurs fois jusqu'aux abords de l'orgasme, était dans un état semi-hallucinatoire. J'avais fait disposer, à l'autre extrémité du salon, des petits ballons gonflés à l'hélium que nous pouvions téléguider avec une grande précision. Dans cette atmosphère vaporeuse, pendant que des participants réciteraient des litanies de ma composition, le Christ ouvert, le Christ à l'odeur de rose, perdue entre les images surgies du L.S.D. et les insolites réalités extérieures, devait voir flotter en circonvolutions sournoises nos ballons fantomatiques qui, doucement, s'approcheraient, viendraient faire vibrer jusqu'à l'extase le point le plus sensible de sa chair ruisselante. Quatre ans de préparation ! Un énorme dossier où les variations de l'état mental de chacun avaient été notées, où toutes les conversations avec le Christ, sur Dieu, les Anges, la Chair, avaient été enregistrée. Un matériel sublime et délirant. Et nous étions à quelques minutes du but. Alors, le notaire, carnet en main, vient vers moi et me dit : « J'ai bien le nom de l'église, Divin, mais je regrette de devoir vous informer qu'il ne s'agit pas d'une église catholique. C'est une église baptiste ». Foudre et tonnerre ! Je débande instantanément, et une joie de catastrophe m'envahit tandis que j'annonce :

— Ce n'est plus possible !

— Mais pourquoi ? Pourquoi ?

— Parce que l'église est baptiste !

Eh bien, ce qui est colossal, c'est que tout le monde a compris ! Une énorme déception, un froid abyssal, se sont abattus sur l'assemblée. Compris quoi ? Je me le demande. Mais enfin, nul n'a protesté, chacun s'est incliné devant l'apparition d'une mystérieuse impossibilité. Ils sont partis, la glace dans le cœur. Le Christ a remis ses bas blancs, son imperméable, a disparu en titubant. Et moi je suis resté seul dans cette nef des fous, au milieu des fumées colorées, admirant ce miraculeux échec, pleurant de joie devant ce sabotage gigantesque, dans un état de jublisation maximal.

N'allez pas imaginer cependant que mon plaisir est exclusivement mental. Les temps de préparation me procurent une excitation précise. Durant mes siestes, je pense : « En ce moment, le Christ déjeune avec le notaire qui me téléphonera tout à l'heure. Elle a sans doute accepté les deux personnes que je lui ai présentées ». Et mon cerveau n'est pas seul en érection. De telles pensées m'alimentent érotiquement toute la journée. Je vous prie toutefois de noter qu'elles n'interviennent absolument pas quand je m'approche de Gala. Elle est l'unique femme en qui je m'écoule, dans un orgasme rapide et parfait, peuplé d'images architecturales d'une sublime beauté : des clochers, principalement.

Il y a des répétitions et des cérémonies secondaires durant lesquelles il se passe des choses. Personnellement, j'évite les contacts, accompagnant les plaisirs du voyeurisme d'un peu de masturbation. Je fais cadeau de ma sève de manière imprévue, et souvent aux lèvres qui s'y attendent le moins. Dans les mises au point des célébrations du clédalisme, il nous arrive de recruter des professionnelles de classe dont nous avons besoin pour des numéros. Par exemple, nous usons de femmes que je nomme des Daniels. Ces Daniels doivent rester immobiles et comme priant, tandis que les vrais adeptes, les Lions, les excitent. Le choix des Daniels se fait, lui aussi, de manière rigoureuse : l'une pour son dos, l'autre pour sa coiffure, une autre pour les épaules ou le cou. Quand je suis dans un groupe occupé à mettre à l'épreuve une Daniel, il m'arrive de me satisfaire moi-même. Mais je répète que la perversion sublime et le plaisir le plus aigu, celui qui étire mes lèvres et les retrousse, est dans l'annulation brusque du désir, l'arrêt inattendu, 'échec. Pauwels dit qu'il y aurait à faire une étude de Dali à partir des mythes, folies, traditions et génies de la Catalogne. Je le crois. Je pense aujourd'hui que mon érotisme n'est pas sans liaison avec la vieille influence cathare, la mystique des troubadours et de l'amour courtois, les jouissances de la non-consommation, les spiritualisations de l'acte par privation, la remontée des énergies de l'orgasme vers le cerveau, l'inversion du flux pour un éblouissement cérébral, bref tout ce qu'a étudié magnifiquement René Nelli. Des grands orgasmes intellectuels à partir d'un presque rien tangible. Un maximum de désir pour un minimum de consommation. Le désir comme valeur transmutante : mon foutre intériorisé qui rejaillit à la pointe de mon pinceau.

Tout de même, les essais, les exercices préparatoires, ne manquent pas d'intérêt. Il est possible que je justifie par cette grande idée générale l'occupation tout à fait érotique et quasi constante que me donnent l'organisation des petites fêtes préliminaires, les plaisirs vicieux en marge du rituel, de la monumentale cérémonie-échec. J'ai la tête constamment occupée par ces fantaisies, et je ne cesse de combiner, parce que rien ne doit jamais être répété, aucun détail, aucun accessoire, et aussi parce qu'il y a des gens qui changent, vont, viennent, disparaissent, dans cette société secrète dalinienne internationale dont les pôles sont Paris et New York.

New York est le paradis de l'érotisme. C'est la ville qui compte le plus de fous, d'originaux, de délirants. C'est aussi la capitale planétaire de la beauté. Non pas que les Américaines soient particulièrement jolies. Mais toutes les femmes du monde qui veulent commercialiser leur beauté sont aimantées par New York, et parmi celles-ci on peut trouver des êtres d'exception, comme ce Christ. En outre, la vague des hallucinogènes et la formidable remise en cause des tabous, des interdits, dans les milieux intellectuels, artistiques et mondains new-yorkais, font que je règne sur une sublime faune d'érotomanes.

J'ai de plus en plus le vice de parler de ces choses. Il suffit que je me trouve en un lieu sombre, avec quelques personnes, pour que la parole jaillisse de moi, et j'ai envie de frapper de ma canne ceux qui ne me semblent pas assez attentifs. Mais pas un mot de tout cela avec Gala. Elle a hérité du puritanisme surréaliste. J'ai d'abord été tenté de tout lui raconter, puisque j'éprouve de l'excitation à tout dire. Mais, bien qu'elle ne soit pas jalouse, elle m'a fait comprendre qu'il y aurait pour elle de la souffrance à connaître les détails. Par un accord tacite, nous demeurons dans l'évasif, la vague allusion. D'ailleurs, il ne me vient pas à l'idée que je pourrais la mêler à ces fantaisies. Non qu'elles soient salissantes, mais la pureté de nos rapports et ma passion amoureuse s'en trouveraient amoindries. Je ferais ainsi descendre Gala au niveau mental et spirituel très inférieur des gens de ma troupe auxquels je ne suis pas lié affectivement. Il m'importe peu, par exemple, que certains tombent malades, alors que la moindre fatigue de Gala me bouleverse. Enfin, comme je ne suis absolument pas sadique, je ne voudrais pas faire à Gala la plus légère peine.

Je ne suis pas sadique, mais j'ai tout de même donné, voici quelque temps, le premier coup de fouet de ma vie. Cela s'est passé à Paris. J'étais avec une jeune personne qui m'irritait. Elle prétendait sottement que tout cet étalage de perversion est snobisme, chiqué, bavardage littéraire. Ainsi, disait-elle, je ne crois pas à ces histoires de Princes ténébreux qui fouettent au sang des victimes extasiées. Alors, je lui ai demandé sérieusement : « Me permettez-vous de vous donner un coup de fouet ? ». Elle a accepté par jeu. Je lui ai flanqué un seul coup, mais colossal, et elle s'est cabrée en bondissant jusqu'au plafond, puis s'est écroulée sur le tapis en sanglotant longtemps. Ces divines larmes lavaient ma sottise. Je ne tiens pas à recommencer, mais j'ai appris qu'il pouvait y avoir là quelque agrément. Aussitôt, j'ai passé en revue, mentalement, les personnages de mes assemblées, et j'ai constaté que je pourrais tous les battre avec satisfaction. Mais leurs fesses ne rougiront pas : je suis trop paresseux.

Mon amour passe par l'âme, mon érotisme par l'œil. C'est pourquoi le duo ne m'est rien, sauf le merveilleux accord entre Gala et moi, où convergent, quand je m'unis à elle, les images les plus sublimes du monde et de la vie.

L'érotisme commence au tiers. Ainsi, j'aime voir un couple, hétérosexuel ou non, passer à l'extase. Je dirige, j'ordonne les postures jusqu'aux détails infimes : mouvement des pieds, retombée d'une chevelure, direction du regard, sourire. Il m'est nécessaire que la passion les habite, ou qu'ils la simulent parfaitement.

Dernièrement, j'ai vécu une merveilleuse expérience. J'étais parvenu à décider une jeune femme de race ordinaire mais jolie, à se faire sodomiser par un garçon, qu'elle désirait. Elle avait résisté. Cet attentat n'était pas de son goût. Finalement, je l'ai vaincue : « Pour vous, seulement pour vous, j'accepte ». Je suis venu avec une amie américaine : toujours par souci d'être accompagné d'un notaire. Nous étions assis sur le divan, eux sur le lit, quadrupèdes cherchant le chevauchement, elle pareille à un petit animal douloureux, lui comme un taureau plein de fureur. Subitement forcée, elle s'est écriée en espagnol : « Pour le Divin ! Je fais cela pour le divin Dali ! ».

J'éprouvai un pincement de jalousie, car je sentis que la sincérité n'était pas entière, que son amour pour ce jeune homme éclatait dans son cœur et ses entrailles. « Oui, oui, dis-je, mais vous l'aimez tout de même, celui-là qui est derrière ? »

Elle a cessé de jouer une comédie, elle a été saisie par un spasme de sincérité merveilleuse. Elle a crié : « Je l'aime, je l'adore ! » Et alors, elle a tendu les bras en avant, elle a commencé de se tordre et se dresser en arrière, les mains battant l'air, souple comme un palmier que le vent courbe. Du règne animal, elle gagnait le règne végétal. Elle s'est pliée davantage, le visage renversé, dans une de ces positions incroyables des fresques hindoues, et ses lèvres sont venues effleurer, juste effleurer les lèvres de l'homme, en un baiser angélique. Animal, puis végétal, puis ange. Devant cette perfection, cette soudaine idéalisation, ce cheminement des structures jusqu'à la pureté sublime, mon excitation physique est retombée et j'ai été inondé de joie spirituelle. A son plus haut degré d'intensité, l'érotisme cesse de solliciter la chair, ses puissances se transmutent en or spirituel.

C'était si beau que nous avons voulu leur faire recommancer la scène. Nous avons chuté dans le ridicule des contorsions, des faux mouvements, et le garçon est tombé du lit. Il y a des harmonies qui ne se reproduisent jamais, et ce qui était haut dans l'unicité devient bas dans la répétition.

Comme personne ne l'ignore, je travaille beaucoup. Cependant, ma pensée est toujours occupée à autre chose, fixée sur l'idée de la mort et sur les combinaisons érotiques. Raphaël disait que, pour réussir un tableau, il faut penser à tout autre chose en maniant le pinceau. Ses ateliers étaient bondés de beaux personnages enlacés, de chanteurs, de musiciens, de poètes qui récitaient leurs vers. Quand le soir vient et que vous vous reculez pour regarder votre toile, soyez surpris par ce qui est né de vos doigts. Que le meilleur de vous surgisse d'un automatisme, alors que vos pensées ont navigué sur mille courants diaprés, changeants, sans cesse entrecroisés, navigation hasardeuse, délirante, d'îles en îles inattendues. Je songe à la mort, Gala me lit un roman à haute voix, la radio marche, j'invente des scènes sur mon théâtre érotique, mon esprit flotte sur des milliers de vagues, et le tableau se fait, implacablement.

Maintenant, ne me demandez pas si l'érotisme m'est indispensable. Toutes les manières dont nous existons sont indispensables. Mes tableaux sont une façon, pour moi, de hiérarchiser esthétiquement ma libido. Mais je vais vous faire un aveu : je pourrais plutôt me passer de peindre que d'inventer de toujours nouvelles situations théâtrales du désir. Pour cela, mon imagination délirante me suffit, et finalement je n'ai besoin de rien ni de personne.

Ainsi, je ne suis pas friand de littérature érotique, parce que tout m'y semble fade et insignifiant. Toutefois, je relis d'année en année *Les 120 Journées de Sodome*, car j'ai un projet sublime. Et c'est là-dessus que je vais achever ce chapitre, car un tel projet constitue la coupole harmonieuse des propos suavissimes que vous venez d'entendre. Je récrirai un jour ce livre, afin de l'immortaliser plus sûrement. J'en inverserai tous les termes : tout ce qui est vice deviendra vertu, et tout ce qui est sexe deviendra âme ;

tout ce qui est orgasme, extase ; tout ce qui est chair, esprit. J'en ferai la saga de la chasteté, de l'abstinence et de la perfection spirituelle.

La Monarchie

L'europe malade des « ismes »
Je vous annonce une période médiévale
Eloge de Primo de Rivera
Les dômes géodésiques de Fuller
La coupole monarchique
Saletés du Parthénon
Définition de la légitimité
Les humanitaires ont du pain blanc au coin des yeux
Juan Herrera contre Jean-Jacob Rousseau - Vélasquez contre Picasso
La Monarchie, c'est l'A.D.N
Vive le crétin légitime !
Le Roi, la technologie et le Nouveau Monde amoureux
Mon cher Pujols et la politique.

« Le monde, disait en 1877 le prince de Liechtenstein, est assombri par la présence d'une angoisse incessante. Depuis qu'il écarte la loi divine, la loi humaine n'est plus que le vouloir des forts, le mal que sa violation par les faibles, et le bien que l'art par lequel les habiles parviennent à l'éluder. Et, pendant que le plus grand nombre des hommes, dévoré par le besoin, épuisé par l'excès du travail et privé des espérances éternelles, est torturé à la vue des jouissances hors de sa portée, le petit nombre, consterné, voyant la haine s'asseoir à sa table comme un spectre et l'attendre à sa porte comme un bourreau, parce qu'il se trouve seul en possession des biens, vit dans la pensée continuelle de se les voir ravir. Les hommes se sont créé un véritable enfer en ce monde ». La tradition nous enseigne qu'en travaillant la terre nous cultivons le ciel. Les hommes, dans l'illusion révolutionnaire de ne plus travailler que pour eux-mêmes ici-bas, se sont enchaînés à leur avidité sans but. Les sentiments n'ont cessé de baisser, la pensée de s'aplatir. Ce que j'ai écrit dans *Ma Vie Secrète* demeure valable : l'Europe s'apprête à crever des « ismes » et de leur anarchie, du manque de rigueur en politique, en esthétique, en morale. Elle s'apprête à crever de scepticisme, d'arbitraire, de veulerie, de l'informe, du manque de synthèse et de foi. Parce qu'elle avait mordu au fruit défendu de la spécialisation, elle croyait tout savoir et se fiait à la paresse anonyme de tout ce qui est « collectif ». Nos excréments sont ce que nous avons mangé. L'Europe avait mangé des « ismes » et des révolutions. Ses excréments auraient la couleur de la guerre et l'odeur de la mort. Elle oubliait que le bonheur est chose individuelle et subjective et que sa misérable civilisation, sous prétexte d'abolir les contraintes de toutes sortes, se rendait la propre esclave de sa liberté. Karl Marx avait écrit : « La religion est l'opium du peuple ». Mais l'Histoire allait vite démontrer que le matérialisme en serait le poison de haine le plus concentré dont les peuples finiraient par mourir, étouffés dans les métros sordides, puants et bombardés de la vie moderne.

La révolution russe, c'est la révolution française qui arrive en retard, à cause du froid. Les soldats gelés de la Berezina se relèvent, percent la glace et s'avancent dans leurs longs manteaux. Mais le sang ne sera plus jamais chaud. Ce qui a été oublié, — et ce qui nous sauvera —, c'est la puissance de réaction de personnalités hyper-individualistes, poussées à un paroxysme de protestation. L'Histoire est faite du consentement des esprits aveulis à l'historicité. Elle est changée par un seul esprit fou de soi-même et de Dieu, qui refuse d'y croire. Dans notre monde de pauvreté spirituelle, l'informe individuel baigne dans l'informe des masses. Notre civilisation croit s'être libérée des contraintes : elle se contraint aux nécessités les plus bassement pratiques et les plus viles, du type mécanique et industriel. Elle est gouvernée par les ingénieurs qui constituent le produit le plus dégradant de la nécessité. Toute pensée matérialiste est une pure mécanique des chaînes. La liberté est dans la Foi, et il ne peut y avoir de grandeur intellectuelle hors du sens tragique et transcendental de la vie. Mais la révolte vient, du sein même de l'abîme. Je vois s'amorcer une période médiévale de réactualisation des valeurs individuelles, spirituelles, religieuses. Et, de ce Moyen Age imminent, je veux être le premier, avec une compréhension totale des lois de la vie, de la mort et de la résurrection de l'esthétique, afin de pouvoir prononcer le mot : Renaissance.

La subversion du caca ! Ils appellent la liberté en criant : « En bas ! ». En bas la forme ! En bas le Verbe ! En bas l'homme ! Je hurle : « En haut ! ». Et c'est pourquoi j'ai voué un culte à José Antonio Primo de Rivera, le jour même où il fut assassiné pour la seconde fois dans le célèbre restaurant touristique *Duran*, de Figueras. Je vais parfois déjeuner chez *Duran*. Le portrait de José Antonio ornait un mur. Un jour, je ne l'y trouve plus. On m'explique : « Nous avons fini par le retirer. Le temps a passé. Personne ne sait plus qui c'est. Et puis, si l'on nous le demande, nous sommes gênés. La clientèle française n'aime pas voir un fasciste ». J'ai pris le portrait sous mon bras. Je l'ai placé dans ma salle à manger. Staline est mort ? Vive Staline ! Dieu est mort ? Vive Dieu! Antonio n'est plus rien ? Il est tout ! Meissonier aux ordures ? Au pinacle ! Méfions-nous du gâchis contemporain. Récupérons, il y a des chances pour que ce soit l'excellent qu'on jette. En un seul discours, le fondateur de la Phalange a secoué l'Espagne par un mouvement d'insolence verticale. Il a osé dire ceci : « Je voudrais que mon discours parvienne aux plus humbles, aux ouvriers, aux paysans, afin qu'ils sachent bien que celui qui leur parle est un *señorito.* » Coup de poing colossal ! *Señorito* était à l'époque le mot le plus disqualifié : jeune profiteur, fils à papa, noble héritier. Tous les partis, de gauche ou de droite, usaient de démagogie démocratique. José Antonio eut le courage de se présenter pour ce qu'il était, de parler au nom de ce qu'il considérait comme l'élite, et de proposer un programme qui effaçait tous les « A bas ! » en un seul cri : « En haut l'Espagne ! ». Je ne fais pas l'apologie du fascisme espagnol. Ce que j'admire dans ce propos, c'est la volonté de renversement des idées dans le sens vertical. En regard d'un tel geste, les provocations surréalistes de bistrot n'ont jamais été que des farces de vieux étudiants. Je ne me pose pas la question de savoir si je partage les idées de José Antonio. D'ailleurs, je ne partage rien avec personne. Je sais seulement que je procède de la même démarche. En haut tout ! Intégrons et élevons. Réformons vers le haut.

Apprenti sur des machines à coton au Canada, débardeur dans un entrepôt frigorifique, autodidacte, ingénieur, industriel, architecte, considéré longtemps comme un crackpot, c'est-à-dire un farfelu, Buckminster Fuller est aujourd'hui une gloire des Etats-Unis, « le premier poète de la technologie », « le plus grand génie vivant de la technique industrielle du bâtiment ». Le Corbusier, Gropius, Mies van der Rohe, Perret, sont, comme Picasso en peinture, une fin et non un début. Ils poussent le XIXe siècle à ses extrémités, ils n'annoncent pas le futur. Quand Fuller se retira dans une solitude complète et qu'il remit en question les lois de l'univers, il s'aperçut qu'elles étaient régies par peu de principes et que l'essence des choses n'était pas la matière mais le dessin. Dès lors, il libéra l'architecture de l'angle droit et il substitua aux formes qui pèsent les formes qui s'envolent. Il prépara la revanche du lyrisme, il rendit à l'inspiration le droit de gouverner les structures. Alors l'architecture redécouvrit les formes légitimes : l'œuf, la coquille, le dôme. Le dôme géodésique inventé par Fuller a couvert plus de mètres carrés en dix ans que n'importe quelle autre structure. C'est une coupole composée de petits éléments préfabriquables, reposant sur une figure géométrique de base : le tétraèdre. Une résille d'acier supporte ces éléments qui peuvent être aussi bien de métal que de matière plastique, de carton que de bambou. C'est l'habitation idéale qui convient à toutes les latitudes, maison de l'Eskimo ou Pavillon des Etats-Unis aux expositions de Moscou et de Montréal. La technique du dôme géodésique permet de recouvrir une ville entière pour la climatiser. Fuller veut ainsi transformer l'air et la lumière de Manhattan, et il rêve d'une structure sphérique translucide qui envelopperait la Terre entière. Quand Fuller a démontré que la protection idéale de l'homme est la coupole, il a ressuscité le principe monarchique. Le signe de la monarchie est la sphère. En termes architectoniques, il s'exprime par la coupole. La sphère gouverne de façon absolue les cinq corps réguliers. Fra Luca Pacioli, qui décrivit la Divine Proportion, répétait : « La Monarchie, c'est la Sphère ». D'où la coupole, élément essentiel de l'architecture humaine et liturgique. Le peuple doit se sentir sous la coupole du gouvernement absolu, protégé et mûrissant, comme le melon sous sa cloche. La République, dont la forme est celle du Parthénon, n'assure qu'une protection illusoire, sans cesse remise en cause. C'est l'abus du pouvoir, l'usurpation de fonction, la permanente trahison de l'angle droit, figure illégitime. Rien n'est plus malpropre que le toit angulaire d'un Parthénon, au sommet duquel toutes les ordures vont s'amonceler, à commencer par la crotte d'hirondelle. Il suffit de lever la tête : le fronton est un nid à merdouche. Rien donc de moins légitime. Il faut masquer cet espace angulaire inutile, réceptacle des déjections et des poussières. On fait alors, pour cacher cette misère, ce que nos paysans nomment justement un *cielo rasso*, un ciel bas. Un plafond. Le *cielo rasso* définit fort bien l'artifice républicain qui substitue à la coupole, image de l'univers et protection rigoureuse, un ciel bas, bricolage d'une pensée qui — le mot s'impose — plafonne. Le peuple use son temps et son énergie à refaire périodiquement ce plafond qui moisit. Ainsi tous les cinq ou sept ans faut-il restaurer la République et procéder à des nouvelles élections. Rien de solide, du provisoire de médiocre qualité. Affiches, journaux, radios, télévisions, discours : « Peuple ! Attention ! Il faut refaire le ciel bas ! » C'est alors une dépense de biens, de force, de pensées, de ressentiments et de feintes espérances, pour une réfection qui n'est que ce qu'elle est. La coupole lumineuse et climatique de la monarchie héréditaire est destinée à durer toujours. Ni ciel bas ni moisissures : une voûte parfaite, un air sec et sain. C'est pour moi la forme excellente des sociétés. En haut, ciel dégagé, maximum d'homogénéité et de concentration, l'œil dur du monarque, reflet du regard divin. Dans les élargissements du bas, un maximum d'hétérogénéité : luxes, désordres, perversions, complots, révoltes, anarchies, l'art de la monarchie étant d'équilibrer le concentrique et l'excentrique. La fixité lumineuse du pouvoir absolu organise et protège ce grouillement colossal, cette fermentation où le peuple puise sa santé.

Ma passion de la monarchie n'a rien de commun avec les nostalgies de l'aristocratie provinciale ni avec les thèses maurrassiennes. Je n'ai de foi qu'en l'intelligence. L'intelligence est la faculté qui se révèle quand on cesse d'interdire à l'intelligence de fonctionner. Cette faculté perce la réalité pour atteindre les Principes, expressions de l'harmonie universelle. Ma passion de la monarchie est donc liée à une passion encore plus contraignante et essentielle, qui est celle de la légitimité. Qu'est-ce que la légitimité ? C'est la continuité de ce qui est juste. J'ai découvert cette définition en me baignant. En m'immergeant chaque matin, au pied de ma maison, dans l'eau de Port Lligat, adossé à la terre de Catalogne qui est pour moi le centre du monde, je fais une chose juste. Mon lieu d'élection, mes gestes, mes pensées, mes œuvres, mes paroles, mes plaisirs, mes trouvailles et mes erreurs, mes mérites et mes fautes, descendent en droite ligne de moi-même. Quand il descend de lui-même, un homme est juste. Il sait ce qui est légitime, et cette légitimité s'exprime dans tous les moments de sa vie. Elle détermine ses conduites, sa nourriture, sa manière de s'habiller, ses jouissances, ses travaux, ses silences, l'heure à laquelle il cueille un jasmin et sa plus fugace érection. Le bonheur, le bien, la bonté, ne sont rien. La légitimité est tout. Est juste la vision dépouillée de l'existence. Est juste l'œil sec des monarques, l'œil implacable de Charles Quint, la prunelle d'acier de Philippe II.

Nous vivons en période de lagâna, la sérosité crémeuse que les humanitaires ont constamment au coin des yeux. Ce pain blanc des yeux devrait être sérieusement étudié par les chimistes. Il est révélateur de la constitution malheureuse des sentiments, des amoureux de l'humanité, des « bons ». Il est révélateur d'une allergie à la grandeur, et, sans doute, d'une allergie plus profonde à Dieu. C'est le signe des exilés de la légitimité, des âmes mortes. La lagâna est l'humeur attendrissante qui baigne le regard du chien domestique. Les larmes des grands sont de sang. Nous trempons dans cette lagâna, soupe des pagailles et des promiscuités. Ce plat, préparé par Rousseau et mijoté par la révolution française, est le plus indigeste qui soit. Je tiens Rousseau pour l'enchanteur pourrissant de l'illégitimité et le plus néfaste des larmoyants. Sa nature d'esprit est exactement à l'opposé de celle d'un Vélasquez ou d'un Piero della Francesca. Elle est à celle-ci ce qu'une assiette de tripes est à une douzaine d'oursins proprissimes ouverts sur la plage. Aux rêveries de ce fou larmoyant et reniflant j'oppose, comme le diamant à la tourbe, le *Discours sur la Forme Cubique* de Juan Herrera, le génial constructeur de l'Escurial. Ce discours, inspiré de Raymond Lulle, s'élève jusqu'à la métaphysique des hyper-cubes, et il est parfaitement antinomique de la bouillie sentimentalo-philosophique de Jean-Jacob Rousseau l'anticube. Pour exprimer ma passion de la légitimité, j'ai célébré Juan Herrera en reprenant ses travaux pour peindre mon Corpus Hypercubus qui est aujourd'hui au Metropolitan Museum de New York. Les formes sont légitimes, ou elles ne sont pas, ce que l'impatient Picasso n'a jamais voulu comprendre. Picasso fonce comme un taureau, mais il n'est pas

Vélasquez, qui exécutait ses tableaux à grands coups de bâton, et cependant obéissait à une organisation préétablie, soumise au principe de la légimité. Il posait des taches, à toute vitesse, et celles-ci s'assemblaient en tracé parfait. Parfois, estimant qu'une jambe, pourtant encore reliée à rien, n'était pas exactement à sa place, il prenait son compas et rectifiait. Passionné de mathématiques, se réglant sur la section dorée, il était doué d'une sensibilité divine à la perfection des harmonies à venir. Picasso refuse la légitimité ; il ne prend pas la peine de corriger, et ses tableaux ont de plus en plus de jambes, tous ses hâtifs repentirs sortent avec le temps ; il s'est fié au hasard ; le hasard se venge. Les Espagnols sont les plus grands sceptiques de la Terre, les seuls ayant vraiment besoin de voir pour croire. Tout, pour eux, doit être incarnation. Congénitalement assoiffés de précision, mystiques et réalistes à la fois, ils sont, en conséquence, particulièrement adaptés à la monarchie qui est la légitimité vivante. C'est pourquoi il m'est arrivé de dire, considérant malgré tout Picasso comme un génie espagnol en dépit de ses errements : « Picasso est espagnol ; moi aussi. Picasso est un génie ; moi aussi. Picasso est communiste ; moi non plus ».

Ce qui est sublime dans la monarchie héréditaire, c'est qu'elle donne une figure de l'ordre implacable avec lequel la nature transmet la vie. Elle rend visible et palpable Dieu et la suite génétique de ses descendants à travers une famille élue. On ne saurait trouver conception de gouvernement plus extraordinaire, plus autoritaire dans son principe, plus surréaliste dans ses effets. Si l'on me demande : « Qui verriez-vous sur le trône ? », je réponds : « N'importe quel homme, pourvu qu'il soit légitime, qu'il descende réellement de l'échelle des rois, que ses gènes le relient à la famille de droit divin. Crétin ou génial, méchant ou vertueux, c'est égal. Seule compte la légitimité de la descendance, image de la filiation à un ordre inscrit dans la nature, reflet de l'aspiration de l'âme humaine à sa propre légitimité ».

Le peuple, qui est la force vive, est la classe la plus orgueilleuse. Il ne se satisfait pas d'être représenté par un homme ordinaire et bêtement fier de l'être. Il ne se satisfait pas d'être gouverné par des hommes encore moins vivants que l'homme ordinaire : les techniciens. On lui dit que cela lui convient. On lui affirme que l'assentiment est général. Chacun s'y range, de crainte d'avoir tort contre le plus grand nombre. Mais, en réalité, chacun est mécontent. Seulement, chacun ignore que c'est le mécontentement qui est général. Voilà l'effet de la propagande, qui commande à des ombres. Réveillez les individus, vous réveillez la monarchie.

Le principe monarchique trouve aujourd'hui sa justification dans la biologie. Sous la couronne royale, nos ancêtres célébraient la volonté divine perpétuée à travers trois milliards d'années de vie sur le globe. L'escalier des structures de l'hérédité, établi par Cricks et Watson, devrait être le mandala des royalistes, s'ils n'étaient incultes, désuets, abrutis de mauvaise conscience, honteux d'être en retard. C'est sous la poussée de la science que nous verrons resurgir la monarchie. Il y a des années que j'annonce son retour en Occident. Rien n'est plus monarchique qu'une molécule d'A.D.N. C'est une échelle royale. Chaque moitié de barreau est agrafée exactement à sa moitié légitime. Chaque barreau succède au suivant en un ordre hiérarchique qui n'admet pas de défaillance. En six millions de marches ajustées miraculeusement, cet escalier sublime décide, ordonne, imprime et se souvient avec une précision hallucinante. Transmission du pouvoir de façon parfaite. Impression synchronisée des protéines. Tout cela cliquète, s'ouvre, se ferme, dans une folie d'exactitude. L'hérédité dépend d'une machinerie souveraine et la vie elle-même est le résultat d'un gouvernement absolu désoxyribonucléique. De la première à la dernière cellule vivante, tout a été et sera inéluctablement transmis. Tout est calculé, prévu, garanti, combiné pour que soit assurée la survivance. La tradition monarchique est à l'image même de la continuité de l'existence.

J'avais dit à Watson, au cours d'un déjeuner à New York : « Mon tableau, La Persistance de la Mémoire, peint en 1931, est une pré-vision de l'ADN. » Mes montres molles, porteuses d'un temps immémorial et gélatineux, n'étaient rien d'autre que les A.D.N. spéciaux, dits dormants, qui seraient dépositaires de la mémoire de l'espèce. Timothy Leary, promoteur de la Ligue pour la Liberté intérieure, prétend que l'expérience approfondie du L.S.D., comme toute expérience mystique, a pour effet de réveiller ces supports, de remonter en quelque sorte les montres molles, et de mettre ainsi l'esprit en contact avec les énergies primordiales. Cela mériterait d'être étudié, car je crois que nous sommes à la veille d'une renaissance de la mystique, laquelle nous conduira à une renaissance de la monarchie.

J'entends souvent affirmer que le pouvoir va passer définitivement entre les mains des scientifiques et des techniciens. C'est une évidence à une seule dimension. Je la récuse. Je ne crois pas du tout à l'avenir d'un gouvernement technocratique. Plus celui-ci tentera de s'imposer, plus forte sera la poussée des aspirations subjectives, et plus l'irrationnel foisonnera. Un jour prochain, ce contre-courant l'emportera. Les technocrates se trouveront cocufiés, car les machines vont les remplacer à leur tour. Un cerveau électronique sera plus efficace que le maire de New York. Une chaîne I.B.M. réglera mieux que les ingénieurs la circulation, mieux que les économistes les trafics de la monnaie. Quand les hommes-machines se trouveront eux-mêmes sans emploi, les hommes tout court réclameront, pour les représenter, un esprit venu d'ailleurs que du monde mécanique et utilitaire, un artiste, un penseur, un mage, ou plus probablement un Prince de droit divin. Dans ce cas, je vois très bien une conciliation de la monarchie et de la technologie. Au sommet, le pouvoir personnel absolu du Roi, exercé par l'être le plus légitime qui soit, le descendant de la plus antique famille responsable, choisi après analyse rigoureuse de son sang. Il ne me déplairait pas que ce monarque fût faisandé. Il convient qu'un roi soit comme un bon fromage, à la limite de la déliquescence. A demi crétin, ce serait parfait. Rien de plus ennoblissant que de subir, par respect conscient de la légitimité, de la persistance de la mémoire, un prince dégénéré. Il serait entouré des meilleurs esprits, bien entendu. Pour les rêveries démentes de ce roi, pour les appétits de sa cour aussi intelligente que pourrie, tourbillon de toutes les tentations, condensé de vie ardente, la technologie cesserait d'être strictement utilitaire. Enfin, les machines deviendraient des fontaines de passion, utilisées à la précipitation des délires collectifs, des happenings géants, des fêtes paroxystiques imaginées par le génial Charles Fourier. Et c'est ce qui sauvera la technologie appelée autrement à disparaître dans une colossale jacquerie des peuples qui s'ennuient dans un monde consacré à l'utile et qui ressemble bien plus à une usine qu'à une demeure humaine. A mort l'utile ! Il est grand temps que les machines s'emploient à sublimer le superflu, à distribuer de la jouissance, du rêve et du luxe, et que l'on comprenne que l'idéal est d'avoir beaucoup de passions et beaucoup de moyens de les satisfaire !

Je vois encore un autre avantage à l'instauration d'une monarchie. Fuller songe à un dôme géodésique couvrant le globe. Des centaines de millions de circuits sous la voûte, une constante vibration d'informations circulant à telle vitesse que chaque homme baignerait dans la totalité du présent. C'est une idée monarchique. La cour, sous la coupole de la royauté, est une effervescence de bruits, d'intrigues, de secrets, de potins. La moindre affaire se répercute en conversations innombrables, indiscrétions, déformations, enjolivements, drames, tragédies, farces. L'écho se répand dans tout le pays, étiré, déformé, puis bientôt transformé en archétype, mobilisant les cœurs, les esprits, les sexes, les âmes. Tout se sait ! Une occupation constante ! Un jeu sans fin ! Sous la coupole monarchique, le moindre murmure s'élève, s'amplifie, et la nation entière entend la vie ardente comme dans le coquillage vous entendez la mer. On peut alors parler de sensibilité collective.

Et, naturellement, vive aussi la révolution ! Car tout sert, non à faire l'Histoire, mais à nous sortir de l'Histoire, cette prison de l'esprit. La tradition est la porte pour sortir de l'Histoire. Vive la révolution qui rouvre cette porte quand la rouille l'a fermée ! Les traditions, dans la fraîcheur de leur sens, sont des choses merveilleuses, d'une subversivité puissante. Avec le temps, la signification s'évapore en formalisme. Il faut tout secouer, tout mettre à feu et à sang, pour retrouver la tradition virginale et vivante.

Cela dit, je suis et me félicite d'être a-politique par

essence. Il y a des gens qui ne sont pas assez intelligents pour avoir toutes les opinions à la fois. Je ne suis pas de ceux-là. Au début de sa vie, Marc-Aurèle note ce propos de son maître Epictète : « Raisin vert, raisin mûr, raisin sec : tout est changement, non pour ne plus être, mais pour devenir ce qui n'est pas encore ». A la fin de sa vie, l'empereur qui a gouverné dix-neuf ans parmi les difficultés et se trouve encore au combat en Germanie, écrit : « Aujourd'hui, je suis sorti de tout embarras, ou plutôt j'ai expulsé tout embarras, car ce ne m'était pas extérieur, mais intérieur ; et c'étaient mes opinions ».

Mon cher Pujols fut invité à faire deux conférences politiques dans la même semaine. La première fut une apologie de la Monarchie. La seconde fut un éloge de la République. Un ami lui fit respectueusement remarquer cette légère contradiction.

— Oh ! dit Pujols, c'est que, mon cher Monsieur, en ces matières, moi, vous savez, je vais et je viens...

Dieu et les anges

Comment, ne croyant pas à la réalité de ma vie et du monde, je crois à la réalité de Dieu
La beauté suprême, le sperme, les Anges
Dieu glouton
Les hommes ne tiennent plus à exister
Nous ne sommes pas substance, Dieu est substance
Dieu est une personne
Dieu a figure humaine
Photographie de Dieu.

Ma vie est une telle perfection, mes désirs se réalisent avec une telle harmonie, que j'ai du mal à croire à l'existence d'un monde objectif et réel. Je vis un rêve. Calderón de la Barca s'interroge sur ce monde traître. L'expression me convient, moi qui ai le goût de la traîtrise. J'ai commencé ma vie en trahissant ma classe, la bourgeoisie, pour me mettre au service de l'aristocratie, et je jouis de cocufier l'art moderne. Croire au monde, dit Calderón, est une traîtrise. Rien n'y est vrai, rien n'y est faux, et ce n'est pas ce que nous regardons qui compte, c'est le cristal à travers lequel nous regardons. Qu'est-ce que la vie ? dit-il encore. Une frénésie, une tromperie, une fiction. Je ne sais si j'existe vraiment. Mes songes, mes actes, mes plaisirs, la succession de mes jours, sont un fondu d'irréalité onirique. Cependant, comme je suis un monumental réaliste, un enragé d'existence, je voudrais à tout prix croire qu'il ne s'agit pas d'un rêve. Mais c'est impossible. Je doute des plus grosses évidences. Les choses très simples m'apparaissent très étranges. Ainsi, je connais les gares de Figueras et de Perpignan. Se peut-il qu'il y ait aussi des gares en Chine ? Se peut-il que coexistent tous ces guichets, ces trains, ces gens qui vont et viennent, achètent des journaux et des bouteilles de bière ? Ne serait-ce pas une invention de mon esprit ? Ne faudrait-il pas quelque machine pour me prouver que le monde existe au-delà du mien déjà si fluide, incertain ?

Où est le réel ? Toute apparence est trompeuse, le visible de la surface n'est que leurre. Je regarde ma main qui a déjà tant produit de beauté et d'or. Ce sont des nerfs, des muscles, des os. Fouillons : ce sont des molécules et des acides. Encore plus loin : c'est une valse impalpable d'électrons et de neutrons. Plus loin encore : un invisible nuage, l'ombre d'une onde, une immatérielle nébuleuse. Qui me prouvera que ma main existe ? Pour un artiste de la Renaissance, la matière était continue. Pour nous, elle est non seulement discontinue, mais illusoire. Peu de réalité des choses et de moi-même ! Plus une âme contient d'instinct divin, plus elle se trouve en disparate avec le monde. Homme moderne, ce que je sais aggrave ce disparate. C'est pourquoi j'annonce un retour à la conception traditionnelle de Dieu. Aussi épris de réel que je le suis, la seule chose qui m'inciterait à l'adoration serait la substance. Mais où est la substance ? Si elle n'est pas de la nature, elle ne saurait être que de Dieu. Dans tout cet univers traître, la seule réalité matérielle, l'unique substance compacte, indisséquable, serait Dieu. Dans une réalité qui ne cesse de se disperser sous le regard, de s'évanouir entre nos doigts, la seule matière réellement matérielle, la seule substance substantielle, serait Dieu. Nuage courant dans un univers de nuages, appelant désespérément du solide, il me faut à tout prix toucher Dieu, unique rocher dans cet immense océan floconneux. C'est la vision mystique de tous les temps, et, à plus forte raison, du nôtre. Dans ses extases, le mystique s'approche consubstantiellement de cela-qui-seul-est, de l'unique matière réellement existante. Je sais ce que cela signifie. Je le saisis dans l'orgasme, dans des moments suprêmes avec Gala où, à la pointe d'une poignante vibration, je sens la réalité une et indivisible devenir. Je le saisis encore à travers la beauté qui me fait croire aux Anges. De plus en plus mon érotisme me porte vers les êtres infiniment beaux, asexués. Ce qui frémit alors en moi, dans toute ma biologie, ne peut être que la conscience pré-extatique d'une nature angélique. Ce n'est plus l'humain qui m'excite, et ce n'est plus mon sexe qui s'embrase. Je cherche la vision qui me procurerait directement l'orgasme, un orgasme divin apportant la certitude que la substance existe, que l'exultation est bien provoquée par une réalité supérieure, que mon sperme comme mon or sont des produits de transmutation.

Dieu a créé sans conviction excessive. Il fallait qu'il fasse quelque chose. Il aurait aussi bien pu chanter ou danser. Nous ne devons pas être surpris en le découvrant comme un personnage absent de toute morale, sans direction ni but, occupé distraitement à un acte gratuit. Il fait le monde et les créatures. On sent les erreurs, les retouches. Il efface, abandonne un chemin, essaye dans un autre sens, raye des espèces, en invente d'autres, brouillon, hasardeux, comme on laisse aller son crayon, sans projet net. Voilà l'être humain. C'est une réussite extraordinaire. Ce n'est pas une réussite extraordinaire. Ce n'est pas parfait, mais il faudrait peu de choses pour atteindre au chef-d'œuvre. Seulement, Dieu s'est créé des ennuis. Il a des bêtises à réparer d'urgence. Il avait, avant l'homme, trouvé les Anges. Enchanté, pris par une sorte de gloutonnerie de création, il en avait fait beaucoup trop d'un seul coup. Pujols a fait les calculs. Dieu aurait pu créer cette énorme quantité d'Anges, mais pas si vite. C'était un emballement dangereux. C'étaient des concentrés de lumière que Dieu produisait dans une sorte d'inconscience lyrique. Et maintenant, surgis en trop grand nombre, les Anges menaçaient, par leur intensité même, de déséquilibrer la création. Dieu avait cessé de dominer la situation. Il lui fallait envoyer aux hommes des messagers pour essayer d'arranger l'affaire : des Zoroastre, des Mahomet, des Bouddha, des Christ. Mais Dieu ne sait pas entrer dans les détails, faire ce qu'il faut avec minutie. Il répare à la hâte, il bricole. En outre, ce n'est pas un bon spécialiste en religion. Il n'est d'ailleurs spécialiste en rien. Il n'est pas non plus intelligent. Un suprême créateur ne s'arrête pas à une aussi petite chose que l'intelligence. Mais l'homme, lui, est intelligent, et il s'apprête à découvrir ce à quoi Dieu n'a jamais pensé ; il s'apprête à expliquer à Dieu sa propre création ; à mettre au clair le système. Même très médiocres, les hommes groupés donnent à la Terre un cerveau plus subtil que celui de Dieu, et peut être, par l'intelligence, trouverons-nous une meilleure manière d'équilibrer le poids des Anges. Mais nous devrons sans doute le payer très cher. Il faudra passer par un moment tragique. Il faudra traverser un tumulte sanglant. On y va. Ce qui l'annonce, c'est que la plupart des hommes modernes ne tiennent pas à vivre.

L'humanité traverse la phase de nuit obscure. Vivre n'émerveille plus les êtres. Dites-leur que la science pourrait les prolonger de trente ou cinquante ans, ils prennent, c'est le cas de l'observer, une tête d'enterrement. « Non, non, merci, ce que nous avons vécu nous suffit. » A la façon dont ils conduisent leurs voitures, on voit bien que l'abîme les attire. Je les regarde, ici, à Cadaquès. Le loisir les angoisse. Ils viennent en vacances, souffrir d'efforts physiques. Ils remettent leur existence entre les mains des gardiens d'un modeste camp de concentration. Sans ardeur érotique, ils traînent une famille au teint brouillé qui geint. Alors, après cinquante ans de cette vie damnée, ils demandent grâce. Non, la vie terrestre ne les passionne pas. Ils s'en vont l'oublier dans les fonds sous-marins, dans le cosmos ou dans les caves bombardées. Ils cherchent frénétiquement du dépaysement, n'habitant ni la terre ni eux-mêmes, comme on se saoule en exil. Il faudra de la douleur et du sang pour retrouver la densité spirituelle et aider la création. Le Moyen Age tentait de dialoguer avec les Anges. Nous aurons un nouveau Moyen Age coloré par la science et l'intelligence modernes, après avoir jeté au tout-à-l'égout d'un cataclysme la fatigue de vivre et d'aimer.

Les Anges sont le véhicule ailé qui mène à Dieu. Les mystiques voient les Anges avant de trouver Dieu. Il se peut que l'abstinence y aide. Le sperme possède des vertus angéliques parce qu'il est le réservoir des êtres non conçus. Ce qui n'est pas humain, mais pourrait potentiellement le devenir, s'amasse dans le domaine angélique. L'Ange est le non-manifesté par essence et le manifesté en puissance. Entre Dieu et l'homme, l'Ange. Si nous pouvons, dans une extase de conscience, percevoir son mouvement éthéré, son rythme aérien, son diapré, sa brillance, nous sommes sur le chemin de Dieu. « C'est avec l'œil angélique, dit Henri Miller, que l'homme voit le monde de la vraie substance. » Et le monde de la vraie substance, c'est Dieu.

Vous avez sans doute remarqué que les nouveaux théologiens, qui remplacent Dieu par l'idée de Dieu, sont des pasteurs nordiques. Ils réduisent Dieu à rien : un élan dans l'homme, une abstraction intellectuelle, pour se concilier la pensée moderne. Ils l'aplatissent au maximum afin de pouvoir le glisser sous la porte des matérialistes. Ces abstracteurs de quintessence, ces travailleurs du vague, appartiennent aux pays des brumes. Jean Cocteau, parlant de l'âme méditerranéenne, a dit : « L'énigme règne autant chez nous que dans le Nord, mais éprise de contours, de lignes, et prompte à trouver une forme à l'informe, à changer les abstractions en objet, à ne pas mettre le Verbe au service des idées, mais à faire naître la pensée du Verbe. » Par mon sang, par mon âme, je refuse l'abstraction et la fantasmagorie si j'évoque Dieu. Je proclame que Dieu est un être on ne peut plus anthropomorphe. Dieu est une personne. Dieu est un homme, d'une beauté sublime, d'un mètre de haut exactement. Je m'expliquerai sur cette taille. Il ne me semble pas qu'il puisse avoir une barbe radicale-socialiste. Enlevez donc la barbe. Mais, avec barbe ou sans, mon Dieu choque les gens. « Tout de même, me disent-ils, vous retardez. Un dieu anthropomorphe n'est pas du XXe siècle. » Ma vision leur paraît déplacée. Mais c'est nous qui sommes, par rapport au soleil de la tradition, des personnes déplacées. Dieu, principe abstrait, telle est la limite de notre croyance. A la rigueur, nous accepterions pour figure de la divinité une formule mathématique ou mille pages de philosophie allemande. Somme toute, un Dieu aussi peu substantiel que nous-mêmes, un Dieu à notre image : une vague idée, un rêve, un leurre, du vide. Je ne comprends pas. Dieu est une personne, pas nous. Dieu n'est pas une fixité distraite, une vue de l'esprit. Dieu n'est pas une onde alpha. Dieu n'est pas un fantasme intra-utérin. Dieu n'est pas un pi méson. Dieu est un personnage à figure humaine. Mais attention ! Dieu est consistant, alors que nous ne le sommes pas. Nous sommes pareils à la chaise d'Eddington, qui n'est pas en réalité une chaise, mais un essaim de moucherons. Nous sommes un nuage de corpuscules moucherons sans contact entre eux. L'espace vide, entre les granulés impalpables qui nous composent, ou plutôt feignent de nous composer, est considérable. Floconneux, nous n'existons qu'en pointillés. Dieu, lui, est dense, ramassé, compact, formé d'une matière serrée, d'une vraie matière matérielle. Dieu est un nucléus d'une densité magistrale, inimaginable, et telle qu'une forme humaine d'un mètre de haut contiendrait, en cette matière unique, la totalité des énergies universelles. La recherche, fabuleuse à y bien regarder, du mètre-étalon, fut, en pleine Révolution, la projection inconsciente de la mesure de Dieu.

Cependant, par une contradiction de la logique, constitutive de l'hyperlogique, je ne peux envisager ce nucléus immensément répandu dans l'univers. Dieu est un, et en même temps infiniment dispersé dans la création en milliards de milliards de petits morceaux. Il est immobile en lui-même et présent partout à tout instant, division infinie et unité infinie. Je ne crois pas que la réalité se puisse trouver partout au même moment, mais Dieu, oui. C'est pourquoi je crie toujours : « Attention à la résurrection de la chair ! Ne disséminons pas les corps ! » Au Moyen Age, après le pourrissoir, on réunissait avec soin les restes résistants : ongles, os, cheveux, dents. On les plaçait en ordre dans le tombeau, dans l'attente du Jugement dernier qui ne sera pas le retour à la non-substance humaine, mais l'élévation jusqu'à la substance absolue de Dieu.

Il peut arriver qu'un cheveu, un cil de Dieu, tombe miraculeusement dans le creuset du chercheur. Pour Dieu, ce n'est jamais qu'un cheveu de perdu. Pour les hommes, c'est la stupéfiante apparition de la pierre philosophale. Et pourtant, ce condensé isolé n'est pas encore la substance ultime, la chair véritable. Dieu ne peut apparaître, il ne peut que se faire désirer. En nous, le désir de Dieu est Dieu, et cependant seulement son reflet. Un Ange passe.

J'ai promis à Pauwels de photographier Dieu. Je veux fixer l'image d'un homme merveilleux qui, sur la pellicule, aurait la hauteur exacte du mètre-étalon. Ceci passera pour une nouvelle loufoquerie, et ce sera pourtant un acte de foi purissime, dans la plus profonde tradition spirituelle médiévale. Je veux exprimer ma vision par un acte intensément réaliste. Unamuno l'a dit une fois pour toutes : le réalisme est la cohérence du mysticisme.

La gare de Perpignan

Les angoisses et la rage d'octobre
Où j'assiste, en gare de Perpignan, à l'expédition du chef-d'œuvre raté
L'explosion de lucidité et l'hyper-agilité de l'esprit
Comment je découvris le médium des guêpes
Les mouches du Boulou
Chacun de nous a-t-il sa gare de Perpignan ?
Recherches sur un lieu privilégié
Illuminations de la place de la gare
Un triomphe de ma méthode
Le livre muet des alchimistes.

Dans ce paysage sublime que seul Leonardo da Vinci eût pu concevoir, sur cette baie sacrée qui engendre l'ascèse et dispose l'âme aux métamorphoses, dans les matins de gaieté râpeuse et les soirs de paix morbide, les jours d'octobre sont les plus somptueux. Comme nous ne sommes jamais rassasiés de contempler ce centre du monde, Gala me dit : « Tu as travaillé tout le printemps, tout l'été. Ton tableau est presque achevé. Viens, prenons la barque, allons pêcher et déguster en mer les lourds oursins de l'automne ». Au carrefour des vents catalans qui ont archisculpté les roches, les Grecs élevèrent dans le cap Creus un temple à Aphrodite, déesse au cortège multiforme : Eros ou l'amour, Peitho ou la persuasion, Himéros ou le désir, les Nymphes, les Heures, les Tritons, les Néréïdes, et j'erre sur la mer parfois immobile comme la mort, le long des antennes et des monstres de pierre, comme en moi-même. Dans des criques, nous fendons les oursins, nous allumons des feux de brindilles pour ouvrir les moules. Il n'est pas de plus grande délectation. Mais, au moment même où Gala m'invite, je comprends que l'heure fatale est venue, et que mon tableau m'échappe des doigts, définitivement raté. Des mois, j'ai voulu sauver ma vision géniale du désastre, mais c'est trop tard. Travaillerais-je encore dix ans, chaque jour me mènerait au pire. Encore un chef-d'œuvre irrémédiablement tué ! Un autre éprouverait dépression, mélancolie, mais je transforme aussitôt cela en une rage si violente qu'elle est de l'énergie pure, et donc de la joie. J'entre dans l'instabilité frénétique, pressé de quitter l'atelier, pressé d'y revenir ; allons vite jouir de ne rien faire, rentrons vite tenter un effort suprême ; la barque va et vient entre l'horizon et la maison. Gala mante, mère et sœur, tente de me rassurer : « Tu es grand. Tu es le plus grand. Un pouce de ta toile contient plus que toute la peinture moderne. Le moindre de tes traits est une tresse ». Elle ne me convainc pas, mais, l'écoutant, je caresse l'idée que ce que je viens de faire n'est pas l'absolue catastrophe. Ainsi s'écoulent, ou plutôt bouillonnent les derniers jours. Nous allons regagner Paris, puis New York. C'est fini. Plus rien à tenter. Dans notre monumentale et archaïque Cadillac, nous remontons, à petite vitesse et par étapes gastronomiques, vers notre appartement de l'hôtel Meurice. Il faut d'abord passer par la gare de Perpignan d'où sera expédié mon tableau, enveloppé, emballé, encagé comme une châsse.

Nous passons deux ou trois heures dans la gare de Perpignan. Gala s'occupe du tableau, de l'acheminement, des assurances, fait enregistrer des caisses, signe, vérifie, contresigne, recontrôle, s'agite. Moi, j'attends, seul, dans le hall, piégé par les gens qui passent, se retournent, s'amassent, me regardent. Ce devrait être le moment le plus prosaïque de ma vie. Je me suis promis une vacuité complète. Plus de génie. Laisse-toi aller. Imagine les plats que tu vas commander à Valence, à Saulieu, rêve aux fêtes érotiques que tu vas combiner à Paris. La gare sent la fumée, les œufs durs et la colle. Je suis assis sur un banc triste. Cependant monte en moi une sorte d'euphorie intellectuelle, d'ivresse de la pensée. Et, brusquement, avec une acuité colossale, le tableau que j'aurais dû peindre m'apparaît. J'ai trouvé ce que j'ai cherché tout l'été, avec une profusion de détails évidents. En même temps se produit un état de densité extrême et d'hyper-agilité de l'esprit. J'éprouve une jouissance réellement séraphique. A Cadaquès, perpétuellement taraudé par un désir faustien de connaissance et de création, j'ignore le plaisir. Je vis dans l'alerte et l'impatience, courant d'un livre à une idée, d'un objet à une invention, d'un dessin à une sculpture. « Reste en place, supplie Gala, arrête-toi, viens au moins regarder ce merveilleux coucher de soleil ». Mais non, jamais le temps d'une tranquille contemplation, je trépigne, je virevolte. Et voilà que dans cette salle des pas perdus, cerné par des regards, désœuvré, je découvre, immobile, le plaisir. Un plaisir absolu, une apothéose, accompagnés d'une torrentielle éjaculation d'idées. En pleine jubilation, j'achète au kiosque quantité de livres de petit format. Je lis surtout de la vulgarisation scientifique, mais jamais un seul ouvrage à la fois. Il m'en faut cinq ou six en même temps, et je vole d'une page à l'autre, bourdonnant, salivant, me constituant de la sorte une broderie d'idées, un moiré d'informations et de suggestions. C'est le butin pour ma nuit prochaine à l'hôtel. Je le savourerai en me couchant, gorgé de foie gras, d'écrevisses et de quenelles, après une orgie de nourriture qui m'étonne chaque fois, ayant oublié que j'aimais tant manger. En attendant, je feuillette, sur mon banc de gare, l'intelligence pareille à une volée de flèches. Or, depuis douze ans, dans ce hall, le même phénomène de gargantuesque gaieté spirituelle, de sur-humaine lucidité, se reproduit. Par exemple, c'est dans la gare de Perpignan que j'ai découvert le médium des guêpes. En parcourant une page, j'apprends qu'un liquide chimique, nommé facteur de diffusion, est utilisé dans l'opération du glaucome parce qu'il permet la propagation dans l'œil d'une quantité infinitésimale d'anesthésique. Ce facteur de diffusion est à base de venin de guêpe. Immédiatement, je me souviens que jadis, quand je peignais dehors, régulièrement entre onze heures et midi, une guêpe tombait sur ma palette. Je craignais qu'elle ne polymérise mon huile. Un jour, j'en laissai une se décomposer dans le godet, et je m'aperçus que la fusion des pigments sur la toile se faisait comme par enchantement. Ce souvenir me revient avec force, les rapprochements s'opèrent. C'est fait !

De retour à New York, je me précipite chez l'un de mes amis, biologiste, gravement malade. Ce facteur de diffusion pourrait-il être utilisé en peinture ? « Certainement, me dit-il ; si vous le dissolvez dans une huile très fine, vous obtiendrez le meilleur des agents cohérents ». Avant de mourir, ce savant me prépara huit flacons avec guêpes et scorpions, et ce liquide est sans doute le médium suprême, l'un des plus précieux secrets techniques de la vélocité et de l'efficacité des comparaisons, connexions, intuitions qui s'emparent de mon esprit en ce lieu apparemment trivial.

Il est vrai que toute cette région frontalière fonctionne très bien comme accélérateur de ma pensée. Au Boulou, j'ai découvert ce que je nomme la biologie quantique. Nous nous étions arrêtés dans un petit bar humide. J'étais, comme toujours sur cette route du retour, disposé à la détente. Je regardais, au-dessus des tables, un vol de mouches. Ces mouches de la région sont grises comme la cendre de bois, propres, ravissantes. Mais déjà je ressentais cette accélération de l'intelligence qui s'intensifie en gare de Perpignan, puis s'apaise peu à peu vers Lyon. Dans un état d'attention vague, puis aiguë, puis ultra-aiguë, je me mis à suivre cette gravitation harmonieuse. A l'intérieur d'un nuage dense l'équilibre était parfait. Aucun de ces gracieux insectes, dans sa danse précipitée, n'effleurait l'autre. Je sus que c'était là l'image même de la matière, halo de particules occupant chacune leur place dans un ballet rapide dont nous connaissons le mouvement sans rien savoir des causes de celui-ci, une énergie colossale s'identifiant étroitement à ce que nous supposons être la forme particulaire. Chaque électron fuit à grande vitesse sur son orbite, s'entrecroisant avec quantité d'autres, selon des champs de force qui ont autant de réalité que la matière et son mouvement. S'il arrivait qu'une mouche heurtât sa voisine, quelque chose se défaisait dans la masse tout entière, une désintégration de l'ensemble se produisait, et l'espace subissait des distorsions en forme de pétales. Je dessinai mentalement une figure dont je devais apprendre plus tard qu'elle était le schéma de l'atome conçu par Niels Bohr. Je compris, dans une extase lucide, la discontinuité de la matière, et que les particules elles-mêmes sont animées d'une libido. Je saisis les lois du jeu suprême qui se joue de l'autre côté du visible simple. J'entendis monter le chant profond, à octaves multiples, de la nature. Quand je dis que cette région est pour moi une véritable machine à faire de la vérité, je me demande si elle ne l'est pas pour tous les hommes depuis les origines. Et, en particulier, je voudrais que l'on m'explique la présence d'une peinture rupestre absolument exceptionnelle, représentant une mouche agrandie plusieurs milliers de fois.

Après des années d'illuminations en gare de Perpignan, je commençai à soupçonner quelque chose. Chaque fois, le ravissement me saisissait plus fortement. Il faudrait aujourd'hui la poigne d'une bonne douzaine d'Indiens pour contenir ma pression, retenir le bouchon, empêcher de jaillir le champagne dalinien sous la verrière de cette gare. J'essayai d'abord un raisonnement banal. Mon esprit s'est maintenu dans la tension pendant six mois. J'ai voulu réaliser un chef-d'œuvre, et j'ai échoué, mais tant pis. Détente, brusque libération, et vision claire quand il est trop tard. Découvertes de l'esprit de l'escalier, chose connue. Quant aux grandes intuitions qui suivent, il convient de faire deux remarques. La première est que l'inconscient emmagasine secrètement et profite d'un moment d'inattention, de relâchement du conscient, pour livrer son trésor. La seconde est que les idées géniales ne viennent pas devant le Parthénon, la Venus de Milo, la baie de Naples ou les chutes du Niagara, mais jaillissent en des lieux anodins : un boulevard, le tramway, une salle de bains. Mais peut-être existe-t-il des structures particulières de l'anodin qui facilitent l'éclosion des idées, et dans ce cas ma gare présente des caractéristiques communes à telle chambre d'hôtel, telle rue, tel compartiment de tramway où des esprits ont connu l'illumination. Chacun de nous a sa gare de Perpignan. Ces considérations rassurantes ne parvinrent pas à me satisfaire. Voici quatre ans, les symptômes devenant plus aigus sur la route et l'effervescence atteignant son comble à l'arrivée, je fis comme Stendhal à Saint-Pierre de Rome, je résolus de regarder les choses objectivement et de prendre des mesures. Je hélai un taxi, et je demandai au chauffeur de me promener lentement autour de la gare.

J'arrivai sur la place au soleil couchant, dans la magnificence. Une lumière d'incendie, jaune d'œuf et rouge doré, traversait l'édifice de part en part, rejaillissant, à travers les vitres enflammées sur toutes les façades alentour, faisant flamboyer les fenêtres de l'Hôtel de l'Europe. Levant les yeux dans cet éblouissement, je vis que les câbles électriques du tramway au-dessus de la place dessinaient un cercle parfait pour assurer la rotation des machines avant de les relancer sur le boulevard. Ainsi, cette verrière transpercée par une lumière royale s'ornait dans le ciel d'une couronne monarchique crépitante, et quand j'aperçus ces câbles aériens, je fus saisi d'une sorte d'extase accompagnée d'érection. Toute illumination en moi naît et se propage à travers les viscères, et c'est dans cet état symptomatique de la présence d'une vérité, que je compris que j'étais en train de contempler un modèle de l'univers. Je vis, dans sa réalité, la géométrie reimanienne d'espace courbe. Je saisis, avec tous mes organes, qu'en relativité généralisée, tout ce qui vient de l'infini peut faire une boucle et arriver en gare de Perpignan. Je collaborai avec Einstein. Je ressentis la courbure de l'espace par inertie de la matière. Et j'eus une autre révélation. Aucune observation objective n'est encore venue trancher le débat purement mathématique sur la structure de l'univers, et ni les physiciens, ni les astronomes ne peuvent dire si l'espace est ouvert ou fermé, sphérique, plan, ou même hyperbolique, limité ou illimité. J'acquis la certitude que l'univers est limité, mais d'un seul côté. Mes connaissances ne me permettent pas de trouver le langage de cette vision dans laquelle les autres limites m'apparurent, mais résumées en ce seul côté qui est aussi l'axe de l'éternité. Je dépassai le grand Brahma lui-même qui apparut au disciple trop curieux de Bouddha pour lui dire : « En vérité, je ne sais où l'univers finit ». Je vis qu'il commençait et finissait entre la façade transparente de la gare de Perpignan et la courbe divine parfaite des câbles du tramway. Je vis qu'il n'y a pas d'exception à la conservation de l'énergie et que l'idée de création continue dans un univers en expansion est une erreur de Fred Hoyle. Je compris que l'expansion continue est moins une réalité qu'une propriété de l'espace non euclidien lui-même limité d'un côté, au point de rencontre d'un second univers qui est esprit. Il est plus facile d'imaginer l'infini que de concevoir des limites de l'univers, et je saisis que si cet univers n'était pas limité, il n'existerait pas. Je perçus enfin, dans l'incendie du coucher de soleil, la dialectique de l'éternel et du transitoire. Le bâtiment carré de la gare, son horloge au fronton, était percé par la lumière, et le mouvement fumeux, mais pourtant programmé des trains, apparaissait au travers, image de l'inerte, du statique constamment pénétré, éprouvé, transpercé. Les câbles dans le ciel, d'abord rectilignes le long de l'avenue, venaient, devant cette façade, dessiner la courbe idéale, image du principe dynamiseur dans sa perfection d'éternité. Je compris les atomes et les mondes dont Giordano Bruno nous dit qu'ils sont « coureurs ou courriers, ambassadeurs, messagers de la magnificence de l'unique et du Très-Haut ».

Cet éblouissement eut lieu voici cinq ans. Viscéralement persuadé que ce lieu banal est en réalité un modèle de la structure absolue, je résolus de l'étudier à fond dans ses moindres détails, et l'on sait que je devais, dans le dallage du hall, repérer des lignes qui évoquent le chou-fleur, c'est-à-dire, pour moi, le dessin de l'hypercourbe dans son raffinement d'enchevêtrement parfait. Je devais encore, au plafond, découvrir une coupole elliptique d'un symbolisme monarchique évident. Je n'oubliais pas que toute gare est douée d'un pouvoir de suggestion qui tient moins à l'idée de voyage qu'à l'information reçue dans les profondeurs de l'esprit, sur la nature transitoire et cependant follement précise, implacablement structurée, sublimement monarchique, de la matière vivante. Ce qui a frappé l'opinion et assuré pour longtemps la gloire de l'impressionnisme, ce sont les peintures de gares, notamment Saint-Lazare, exécutées par les artistes en manière de provocation, d'exaltation des couleurs antibonbon et du sujet prosaïque. Audelà du scandale, ce qui compta, ce fut l'information véhiculée. Il n'est pas vrai que l'homme ordinaire ne comprenne pas l'essentiel ; son subconscient enregistre le message, mais son intelligence inculte ou sclérosée tire làdessus le rideau. L'image d'une gare peut engendrer une transcendance esthétique et contenir la vérité sur la matière, la vie et l'univers. Et je pénètre dans ma gare de Perpignan comme Sainte Thérèse dans la cuisine où des nonnes se sont réfugiées pour plaisanter : « Pourquoi la cuisine ? demande-t-elle, Dieu se promène aussi entre les marmites ». Cependant, il m'apparut que cette gare, par ses structures particulières et par sa situation géographique au cœur d'une région où se concentrent depuis toujours les signes d'une connaissance ultime, méritait un intérêt tout à fait exceptionnel. C'est pourquoi, à partir d'émotions que je consens à qualifier de délirantes, je m'appliquai à l'analyse la plus sévère, à l'observation la plus férocement logique. Depuis quatre ans, je fais prendre toutes les mesures possibles, j'étudie les dessins des fenêtres, les dispositions des portes, des guichets, du pèse-bagage, du kiosque à journaux, des bancs, des affiches, des horaires. Je fais exécuter des centaines de photographies que l'on agrandit ensuite considérablement afin d'épier le moindre détail. Impitoyablement, je traque le réel avec l'émerveillement de voir apparaître, dans sa rayonnante objectivité, un diagramme universel à partir d'un phénomène hyper-subjectif. Que soit déposée en nous la connaissance totale, je n'en doute pas une seconde. Nous ne cherchons rien qui ne soit déjà contenu sous la coupole de l'esprit, et nous n'apprendrions ni les mathématiques ni le chinois si les sciences et les langages n'étaient déjà en suspension dans nos eaux dormantes. Peu à peu, des coïncidences signifiantes s'ordonnent pour dégager l'universalité de la gare de Perpignan, jusqu'à hausser les hasards objectifs au rang de preuves indiscutables. C'est ainsi, pour ne donner qu'un exemple, qu'ouvrant le livre de Raymond de Becker sur Freud, je tombai sur l'unique dessin exécuté par le père de la psychanalyse. On sait qu'en quatre ans de fiançailles, Freud écrivit mille cinq cents lettres. L'une de celles-ci est accompagnée d'un croquis représentant la chambre que le jeune médecin occupait à l'hôpital de Vienne. Quelle nécessité éprouva-t-il en dessinant ce plan, sinon celle d'obéir à une pulsion de l'inconscient en présence d'une structure qui est exactement celle de l'intérieur du hall de la gare de Perpignan, c'est-à-dire « la » structure ? Les découvertes se multiplient ; les images de mon délire me reviennent authentifiées par le monde objectif tandis que toute une cosmogonie se forme en moi, et si je mentionne encore les équivalences entre Montségur et la gare de Perpignan, c'est pour ajouter aux triomphes de la méthode paranoïa-critique. Chaque fois, je mets à jour un nouveau mécanisme de cette machine cybernétique de ma pensée qui est peut-être celle de toute pensée. Aurais-je pu la trouver ailleurs ? Je ne sais pas. Je ne crois pas, tenant l'élan viscéral pour l'indication suprême, le tremblement péremptoire du sourcier, et toute vérité absolue pour le produit des forces concentriques qui m'engagent à n'interroger qu'un seul lieu : ma terre natale.

Je ferai mouler en or la maquette de la gare de Perpignan, elle-même maquette de l'univers, et sous elle je dormirai avec Gala dans l'attente d'une résurrection. Mais, tant que je vivrai, je continuerai d'interroger et de perfectionner ce mandala suprême conçu dans une ville très singulière où fut établie la mesure du mètre-étalon. Car c'est en effet au Vernet, puis de la tour de l'église Saint-Jacques de Perpignan, que furent calculées les triangulations qui devaient permettre de mesurer précisément la longueur de la circonférence terrestre et d'obtenir une unité valable pour tous les peuples et tous les temps. Cette recherche d'une unité, en pleine révolution française, dans les enthousiasmes de la raison calculante, s'apparente à une quête de la substance de Dieu, de la densité de Dieu cachée derrière la matière floconneuse, et prend une valeur métaphysique paroxystique si l'on songe que la section de l'étalon est une croix qu'il serait légitime de nommer croix d'or de Sainte-Catherine de Sienne, et qu'elle est aujourd'hui l'X des radiations d'un atome de Krypton.

L'homme mesure, mais Dieu échappe, ne nous laissant entre les mains que des ombres d'ondes, lui qui est le non-mesurable parce qu'il est la mesure absolue : la vraie substance en forme humaine d'un mètre de haut, infiniment concentrée et infiniment répandue dans l'univers, dont le diagramme fut dessiné place de la gare, à Perpignan. Je lis toute science dans ma gare de Perpignan comme l'alchimiste dans le *Mutus Liber* précédé de ces seuls mots : « Aussi est-ce le plus beau livre qui ait jamais été imprimé sur ce sujet, à ce que disent les savants, y ayant là des choses qui n'ont jamais été dites par personne. Il ne faut qu'être un véritable Enfant de l'Art pour le connaître d'abord ».

Passions subsidiaires, goûts et dégoûts annexes

Le travail et la liberté de ne rien faire
De la musique comme art inférieur
La montagne, cette horreur
La gastronomie dalinienne
Contre les animaux et les enfants
Beauté des testicules
Les jeunes filles et les homards
L'orgasme relatif
Comment décortiquer les livres
Le corps féminin
Rêveries sur la corne du rhinocéros.

Ce qu'il y a de meilleur dans le droit romain, qui protège la propriété privée et l'enrichissement personnel, c'est l'instauration de l'idée que la liberté la plus grande, le sublime sommet du mérite et de la réussite, est le pouvoir de ne rien foutre.

Ne vous étonnez pas de me trouver dans un grand paradoxe. De réputation, je suis l'homme qui travaille le plus au monde. De fait, j'utilise tout mon temps à produire. Mais, moralement, je considérerais comme abjecte une société dans laquelle chacun serait obligé de travailler. La liberté d'opinion n'est rien, en regard de la colossale liberté de rester assis au soleil quand on n'a pas envie de travailler.

Bien entendu, il m'arrive de travailler par obligation, mais c'est simplement parce que je veux devenir encore plus riche que je ne le suis, afin d'encourager les recherches scientifiques sur l'immortalité de l'homme et de pouvoir bénéficier de celles-ci. Je fais des portraits de femmes du monde et de célébrités, des bijoux, des décors de ballets, toutes sortes de travaux qui ont d'ailleurs un rapport avec ma vocation de peintre, et qui sont plus agréables que ceux du fonctionnaire ou de l'employé de banque. Ce sont des travaux très glorieux, qui me permettent de raffiner mes techniques et de faire progresser mon génie.

Je n'aime que la mauvaise musique ronflante, ou la musique confuse, exagérée, paroxystique, comme par exemple, Tristan et Yseult. Quand je reçois des visiteurs, en fin de journée, dans le patio, à Port Lligat, c'est toujours Tristan et Yseult. Le disque est rayé et le pick-up médiocre. Ça grésille, c'est très bien, on dirait qu'on fait cuire des sardines.

Je suis capable d'apprécier Bach ou Haendel si l'on me dit que c'est de qualité rare. J'accepte de faire attention, mais ni Bach ni Haendel ni leurs semblables ne se prêtent à mes délires de grandeur, à mes conceptions, à mes extases, ne se peuvent associer à mon paysage mental semblable aux rochers protéiformes et fantastiques du cap Creus, ne sauraient accompagner, embellir, prolonger mon théâtre intérieur.

En réalité, je partage l'opinion de Breton pour qui la musique était un art inférieur. Je mets au premier rang l'architecture, au second la peinture, au dernier la musique qui ne peut communiquer la pensée concrète de l'homme. Ne pouvoir communiquer la pensée concrète de l'homme, c'est un handicap affreux pour quelqu'un dont la démarche est fondée sur la connaissance. En musique, vous ne pouvez pas dire : « Il y a un chapeau bleu posé sur la coiffe au milieu de la table de gauche ». Quant à essayer d'exprimer une cosmogonie avec des sons, c'est l'impossibilité absolue, la catastrophe, la fin de tout. Il ne vous reste que l'effusion sentimentale, le lyrisme émotif, où la vérité est à l'état visqueux. Comme je suis l'être le moins sentimental qui soit, il n'y a donc aucune chance pour que la musique ait sur moi le moindre effet. Purement visuel, j'aime à m'entourer de choses immobiles, fixées sous mon regard. Non auditif, je recours volontiers au bruit, à la musique tapageuse et viscérale qui sert de fond à l'héroïsme et à mon travail lui-même héroïque.

Horreur ! Horreur ! Horreur de la montagne ! Et les sports d'hiver, l'abjection ! Tous ces lieux vides, ces déserts en hauteur, ces murs de cour de prison en boue blanche !

Un jour Gaston Berger, qui aimait le ski et était retenu à Paris, nous a donné sa place dans un hôtel de Kitzbühel. Je ne m'étais jamais rendu dans un pareil endroit. Ce fut le spectacle le plus désolant de ma vie. D'abord, pour un voyeur de mon envergure, l'affliction majeure est d'ouvrir une fenêtre et de se rendre compte qu'il n'y a strictement rien à voir : du blanc, rien que du blanc si arrogant de nullité qu'il ne lui suffit pas d'être horizontal. Ensuite, pour un raffiné de mon espèce, rien n'est plus dégoûtant que d'entendre et voir ces fanatiques du ski, gâteux de descentes, ne parlant que de ce qu'ils font avec leurs pieds et vivant comme des cochons, foutant de l'eau sale partout avec leurs godillots énormes. J'avais imaginé des cheminées monumentales, des nourritures seigneuriales. J'eus des radiateurs tièdes, des sols d'aggloméré maculé, des côtelettes panées et des hors-d'œuvre de clinique, un rond de saumon surmonté d'une olive plantée dans de la mayonnaise. Enfin, on me descendait dans une cave grise, on me clouait sur des skis comme un Christ gelé. Dehors, ces objets épouvantables, doués de vie méchante et larvaire, tentaient de se dérober en fracassant mes chevilles. J'avais envie de pleurer, j'étais réduit à une tristesse collante, une fureur lamentable, dans un état de désolation colossale. Horreur de la montagne qui n'est ni à la mesure ni à la démesure de l'homme, disproportionnée sans aucune sorte d'élévation ! D'ailleurs, je n'aime que Cadaquès, mon propre centre qui est le monde entier au bord de la mer.

J'ai raconté qu'à six ans, je voulais être cuisinier. A sept, Napoléon. Mais l'âge de raison m'apprit qu'il n'y avait pas de plus haute ambition que devenir Dali.

Fou de grandeur comme Napoléon, mélangeur d'éléments comme un cuisinier, comme un alchimiste, comme un peintre, j'ai donc réussi ma vie en demeurant fidèle à mon enfance, à la nuance près que Dali n'a jamais été enfant.

L'intelligence sensuelle que je possède dans le tabernacle sacré de mon palais m'invite à faire grande attention aux nourritures. Je suis d'ailleurs un homme qui fait attention à tout. Et d'abord, à l'attention.

Quand, de Figueras, nous venions à Cadaquès passer quelques jours, mon père ne se départait pas de son noble et austère personnage. Il raffolait des oursins, mais il allait les manger à l'écart afin que nul ne soit témoin de sa jouissance. Comme lui, j'adore les fruits de la mer et les crustacés qui ont la divine astuce de porter leurs os à l'extérieur et qui nous réservent le bonheur de déguster une chair secrète, protégée, vierge de tout contact. J'aime aussi croquer les crânes des petits oiseaux, car toute structure ferme me ravit.

Quant à la grande cuisine, elle ne fait pas partie de ma nature originelle, mais de ma nature seconde, ornementale, surajoutée, nécessaire au déploiement du génie dans les zones raréfiées de l'esthétisme pur. Je suis d'un snobisme total, chauffé à blanc par mes origines provinciales. Lorsque je suis arrivé à Paris, j'ai été immédiatement subjugué par l'aristrocratie et la grande cuisine. Me faisaient saliver les femmes aux noms de provinces et de châteaux, aux os saillants sous des robes sublimes, à la peau rendue irréelle par les parfums suaves, les perles et les pierres, ainsi que les plats de haute complication, les viandes fondues dans des sauces noires d'un raffinement exquis, les crèmes miraculeuses où se réduisent, en un mélange risqué et réussi, des mets rarissimes, le tout servi par des valets brillants et fantomatiques, aux formes courbes et aux semelles de vent.

Comme c'est dans l'oreille que pousse l'orchidée du snobisme, il faut que l'on me dise qu'un plat est exceptionnel pour que mes papilles frémissent. De même, si j'apprends que telle princesse va venir me voir, si l'on me détaille ses titres et ses armes, je tirerai de la rencontre un charme colossal. Assis en face de cette femme, dans l'autobus, ne sachant rien d'elle, je ne la regarderais pas. Que l'on fasse mon éducation, et je suis d'une parfaite obéissance. Si j'avais à me battre en duel, j'écouterais religieusement les conseils du maître d'armes. Ainsi suis-je élève appliqué pour croiser le fer avec la merveilleuse exception. Un soir, à Saulieu, M. Dumaine m'a dit : « Voyez cette écharpe de brouillard, à mi-hauteur de la haie de peupliers. Au-dessus des feuillages, le ciel est limpide, les étoiles sont claires. Au pied des arbres, vous pourriez compter les trèfles. Recueillez-vous. C'est par de telles soirées, quand la brume flotte à cette hauteur exacte, que je peux réussir le pâté en croûte que je vais vous préparer ». Je me suis mis à table, contemplant le paysage, et ma jouissance gastronomique fut suprême. Le même pâté, sans ce discours, je l'eusse avalé distraitement.

A Paris, je frôle la crise de foie, essayant les sauces les plus compliquées, les plus artistiques qui se puissent trouver. A Cadaquès, je me nourris de côtelettes, d'oursins ouverts en mer, de moules qu'on fait bâiller sur un petit feu de bois dans les rochers du cap Creus, et je ne bois que de l'eau. Car je tiens beaucoup à ma santé, tenant à maintenir en vie ce qu'il y a de plus exceptionnel pour moi au monde, soi-même.

Je n'aime ni les bêtes ni les enfants. Ça bouge. Du mouvement autour de moi me donne de l'anxiété. Je tolère l'ocelot apprivoisé de mon secrétaire, le capitaine Moore, parce que Gala l'aime et que cet animal fournit un excellent sujet de conversation mondain. Notez que ce sacré petit fauve aux dents et aux ongles rognés, aux colliers de pierreries, a déjà réussi à me faire cocu. Un jour, dans l'ascenseur du San Régis, je regagnais avec lui mon appartement. Deux dames s'écrièrent : « Mais c'est l'ocelot de Dali ! ». Et elles ne remarquèrent pas que Dali lui-même était là !

Je voudrais que les animaux fussent immobiles. A la rigueur, je m'accoutumerais à des soles, plates comme des enveloppes, posées sur des tapis ainsi que des décorations persanes. Mais leurs palpitations d'asphyxiées me gêneraient encore. Je les préférerais fausses.

Quant aux enfants, je ne les aime qu'à partir du moment où ils deviennent érotisables, c'est-à-dire quand ils commencent d'acquérir une certaine beauté. Je trouve affreux et angoissants les nouveaux-nés et les très jeunes enfants avec leur petit corps et leur énorme tête. Ils ressemblent à la fois à l'embryon qu'ils furent et aux vieillards qu'ils deviendront, et tout ce qui évoque l'origine ou la fin me cause un malaise insupportable. On sent en eux une présence d'intelligence tout à fait monstrueuse, aberrante. J'aime les crétins développés, mais avoir sous les yeux cette espèce de crétinisme dans un petit bloc de chair saine et qui ne devrait pas l'être me dérange considérablement.

Quand Garcia Lorca voulait me posséder, je m'y refusais avec horreur. Mais, en vieillissant, je suis un peu plus attiré par les hommes. Mon voyeurisme s'étend avec complaisance jusqu'à eux. A condition qu'ils n'aient pas de barbe, qu'ils soient très jeunes, qu'ils ressemblent à des filles, avec de longs cheveux et des visages angéliques. Sur un corps très souple, quasi féminin, voir se dresser une virilité réjouit mes yeux.

De toutes les beautés du corps humain, ce sont les couilles qui me font le plus d'effet. J'éprouve à les contempler un enthousiasme métaphysique. Mon maître Pujols disait qu'elles sont les réceptacles des êtres non conçus. Ainsi évoquent-elles pour moi les invisibles et incorruptibles présences célestes. Mais je déteste celles qui pendent, pareilles à des sacs de mendiants. Il me les faut ramassées, compactes, rondes et dures comme un coquillage double.

J'ai une prédilection pour les jeunes filles et les homards. Comme les homards, les jeunes filles ont l'intérieur exquis. Comme les homards, leur carapace (de pudeur) est architecturale. Comme les homards, elles rougissent quand on veut les rendre comestibles. Qu'on ne croie pas que je veuille me nourrir de la chair des jeunes filles ! J'aime la pudeur des vierges, et leurs théories enfantines et fausses sur la sexualité me sont un trésor. Par-dessus tout, ce qui m'enchante dans la virginité, c'est qu'elle engendre une tension spirituelle incomparable. Les jeunes filles vierges sont réceptives à toutes sortes d'émotions fines. Les paroles provocantes, qui vont se diluer dans l'univers gélatineux des femmes ouvertes, tombent sur elles en pluie de feu. J'ai toujours eu l'obsession de trouver les vierges, non pour les réduire à l'état des femmes, mais au contraire pour les maintenir en leur état le plus longtemps possible tout en spiritualisant et développant au maximum leur libido.

Je suis avare de mon sperme comme de mon or. Je n'ai d'ailleurs jamais trouvé un immense plaisir dans l'orgasme. Ce qui compte, c'est tout ce qui précède, moins encore dans les actes que dans l'esprit. Quand j'étais très jeune, l'éjaculation me réjouissait le sexe, mais c'est maintenant quelque chose qui, sans être positivement désagréable, se situe à la limite. Ce que je cherche, ce n'est pas l'orgasme, c'est la vision qui serait capable de produire l'orgasme.

Je ne respecte pas les livres, mais la connaissance. Je ne respecte pas la connaissance, mais tout ce qui, en elle, peut venir enrichir sa méthode paranoïa-critique. Quand je peins, je me fais lire par Gala des grands auteurs. Je n'écoute pas, je me baigne dans le bruit des mots, j'absorbe les oligo-éléments de la littérature pour améliorer les échanges du métabolisme dalinien. Mais je lis aussi, et beaucoup, en trois langues, des ouvrages, des articles, m'intéressant particulièrement à la mystique, à la métaphysique, à la philosophie, à la psychanalyse, aux sciences et aux frontières de la recherche. La différence entre les surréalistes et moi, c'est que je suis surréaliste. L'ignorance, l'inappétence, les maniaqueries de petit collectionneur, le bête mépris des sciences, les limitations de la politicaillerie, les maniérismes de magot littéraire, ne peuvent conduire qu'au baroquisme, non pas à l'éveil hyper-classique du surréalisme dalinien. Des hommes de la Renaissance, j'ai la curiosité universelle, et les mâchoires de mon esprit sont en mouvement perpétuel.

C'est un grand chagrin pour Gala de me voir décortiquer les livres comme des crustacés. Pour elle, les livres sont des objets sacrés, enrichis de dédicaces, de coupures de presse, de lettres des auteurs, etc. Moi, j'arrache les pages qui m'intéressent, et si je veux recommander un titre à quelqu'un, je lui donne la couverture du bouquin.

Ici, je veux raconter une anecdote terrible et grotesque, une scène de tragédie familiale. Mon père, qui m'adorait, avait souscrit pour moi à la Grande Encyclopédie Espagnole. Il recevait un tome par mois, qu'il m'envoyait à Madrid. C'était pour lui un placement de notaire, un monument de connaissance qu'il me léguait, le grand geste de l'amour paternel en offrande à l'intelligence du fils. Moi, à cette époque, j'étais en pleine orgie paroxystique au sein du groupe avant-gardiste, avec Bunuel et Lorca. Evidemment, je ne songeais guère à écrire à la famille, et dans ses nombreuses lettres, mon père me suppliait de donner des nouvelles. Je résolus enfin de me manifester. Je venais de recevoir un volume de l'Encyclopédie, bourré de superbes planches en couleurs et richement relié. J'arrachai l'épaisse couverture, et j'écrivis au dos, par dérision : « Je te souhaite bonnes Pâques et bon Noël ». A Figueras, mon père reçut le paquet enveloppé, ficelé, couvert d'innombrables timbres. Enfin, Salvador m'écrit, et il m'expédie sûrement quantité de photos de ses œuvres ! Il commanda le plat qu'il aimait le plus, du broccoli à l'huile. Il se mit à table, posa la massive lettre devant son assiette, dégusta son broccoli avec un colossal plaisir, puis, le couteau en main, entama son dessert : l'envoi du fils très cher. Alors il reçut en plein visage l'insulte et la profanation. Il ne dit rien. Il se leva. Il monta se coucher. Jamais je ne m'amollis dans les sentiments, et vous ne me feriez pas entrer dans le cimetière de Port Lligat, à trois pas de ma maison. Certes, mon père, je l'ai beaucoup fait souffrir. Par égoïsme et jésuitisme, je me débarrasse du remords en trois temps. Premier temps, je dépasse le remords, je surenchéris sur la culpabilité, en me convainquant que c'est moi qui l'ai tué. Deuxième temps, je reconnais qu'il ne faut tout de même pas aller jusque-là, et j'éprouve une profonde jouissance à savoir que je ne suis pas un criminel. Troisième temps, je me félicite grandement d'être ce que je suis, car mon père serait récompensé au centuple de ses douleurs en me voyant aussi célèbre.

Les femmes : une taille extrêmement fine et beaucoup de cul, c'est parfait. Les seins, aucun intérêt. Donc, de préférence petits. Ou alors, épanouis, en proportion du corps et l'auréole granulée qui me trouble un peu, car j'ai l'impression qu'on peut s'en servir pour téléphoner.

J'ai souvent dit que j'adorais les femmes-coccyx. Pauwels m'a fait remarquer que l'expression était fausse. J'appelais coccyx les os pointus des hanches qui saillent sous les robes des mannequins superbes et maigrissimes. Ce sont les femmes iliaques qui me font le plus d'effet. A ces saillies du bassin correspondent deux fossettes à la naissance des fesses. C'est pour moi la perfection de la féminité luxueuse. La sculpture grecque primitive se réfère au type respiratoire, thorax puissant et triangulaire, bassin étroit, hanches serrées, cul plat. En se raffinant, le statutaire célèbre le type digestif et atteint par lui au classicisme qui est l'érotisation maximum de la forme.

On trouve à Paris, au deuxième étage du magasin Deyrolles, de la corne de rhinocéros blanc. Râpée dans du vin, c'est l'aphrodisiaque le plus puissant que je connaisse. Je l'ai expérimenté deux fois, non sur moi-même, mais sur des amis, à leur insu. Je peux vous affirmer que le résultat est tout à fait concluant...

L'usage de cette corne n'est connu que de quelques initiés. Les Chinois raffinés de Paris sont suspendus au téléphone pour connaître les dates d'arrivage chez Deryolles.

La corne de rhinocéros blanc est le seul aphrodisiaque qui me paraisse réel et que je puisse rapprocher des philtres d'amour du Moyen-Age. Tout ce que j'ai appris des autres produits me semble d'une pauvreté dérisoire. Les aphrodisiaques préconisés par le marquis de Sade, comme la poudre de cantharide, créent une irritation des muqueuses qui donne l'illusion mécanique du désir, un échauffement des vaisseaux sanguins. Je ne saurais non plus recommander la défense de narval, qui n'est, en aucun cas, l'équivalent marin de la corne de rhinocéros. Elle est creuse, et il s'agit d'une canine, énormément allongée et folle puisqu'elle pousse tournant sur elle-même vers la gauche, faisant du narval un raté au crâne asymétrique.

Le rhinocéros, lui, est un être abouti. Paracelse a souvent cité le mât torsadé de la licorne. Cet être surnaturel, selon la légende, se laissait prendre par excès de sensualité. On lui présentait une vierge, il courait se blottir dans ses bras. En réalité, il s'agit du rhinocéros blanc.

D'après les récits fabuleux, la corne de la licorne, au contact d'un poison, se fend. Lorsque le rhinocéros blanc, venu du Haut-Nil, fut connu dans l'Empire romain, sa défense fut employée pour la détection du poison. On en fit des coupes dont on trouve quelques modèles dans les musées anglais.

Les monarques, obsédés par la crainte de l'empoisonnement, ne soupçonnèrent nullement le pouvoir aphrodisiaque de cette corne dont la sensibilité aux toxiques n'est qu'une propriété secondaire. La corne de rhinocéros est un sexe dressé au ciel, ou plutôt un don sensé, une matérialisation compacte des énergies primordiales de la nature. C'est un sexe cosmique, l'aboutissement et la signature des temps antédiluviens, amassés, condensés ; infusés, digérés, mijotés, depuis des dizaines de milliers d'années sous une carapace hermétique. Le rhinocéros est le coffre-fort de la connaissance au niveau de l'animal, un coffre-fort massif, plus sculpté et travaillé qu'une plaque de bronze. La corne, lisse et courbe, lentement élaborée, enferme une énergie interne considérable. Tout m'incline à penser qu'elle détient des vertus alchimiques.

Il serait utile que le rhinocéros fût étudié avec toutes les connaissances modernes. D'abord parce qu'il est en train de disparaître de la surface de la Terre. Ensuite, parce qu'il représente un matériel psychanalytique exceptionnel. On ne sait s'il est génialement fou ou parfaitement crétin. Son comportement est des plus étranges, érotique et compliqué. Sa manière d'aimer est d'un raffinement rare :

trente à quarante minutes, parfois une heure et même plus. Le temps le plus long de tous les mammifères, avec un cérémonial, des rites et des préparatifs absolument daliniens. Enfin, j'ai découvert qu'il était fixé au stade anal. Il dépose ses excréments immuablement au même endroit durant toute sa vie, les entourant d'un soin et d'une attention extrêmes, afin d'élever la muraille invisible de sa propre odeur pour se protéger des autres rhinocéros. Voilà qui me paraît d'une grande subitilité.

Je souhaite que l'on procède à une étude approfondie de la corne. Les chimistes ont déclaré qu'elle ne pouvait détenir des propriétés aphrodisiaques (pourtant observables !) étant donné que l'on n'y décelait aucune trace de substance chimique ou hormonale. C'est sans doute vrai, mais il faudrait chercher ailleurs, car, à mon avis, tout se passe probablement à un niveau nucléaire. De sorte que l'on serait en présence d'une puissance transmutante concentrée, et l'absorption de poudre de corne de rhinocéros modifierait en nous des énergies, n'agirait pas localement, mais sur l'ensemble des champs de force. Si mon hypothèse trouvait un commencement de preuve, on comprendrait que le véritable pouvoir aphrodisiaque est lié à une transmutation de la matière vivante, on saisirait la structure divine de l'Eros. D'ores et déjà, j'espère que l'on admettra que ma passion pour le rhinocéros, réservoir des énergies du monde d'avant l'homme, n'est pas une loufoquerie.

Cela dit, je suis contre tous stimulants. Ils créent des états subjectifs de type romantique et vague. Mon unique expérience dans ce domaine est celle de l'alcool. J'ai vécu une période aberrante où, sans être jamais ivre, je me tenais dans un état colloïdal permanent. Après quatre ou cinq verres, il me semblait découvrir des idées sublimes, que je m'empressais de noter. Le lendemain, j'avais honte de la pauvreté de ces notes. Je me suis arrêté de boire, car je suis fondamentalement attaché à l'intelligence. Alors je me suis mis à rêver que je me saoulais, tout en étant conscient de rêver. Dans le songe, je me disais : « Encore plus de champagne, encore plus de Porto, tu rêves ! Demain tu seras frais comme la rose !... »

Puis je me suis sevré de ces rêves et j'ai eu un goût immodéré pour le sucre. Finalement, je me suis aussi sevré de sucreries. Maintenant, je ne rêve plus d'alcool, ni de fondants. Rien. Départ de plus en plus normal et approche de plus en plus serrée du génie.

La grande leçon, pour tous les apprentis-génies, est que l'inspiration et les illuminations surgissent toujours dans les états normaux et les moments les plus anodins, où l'esprit, brusquement fixé sur des sujets et des liaisons qui passent inaperçus au commun des mortels et se prêtent le moins à la sublimité, recentré et aiguisé, devient lui-même son propre excitant et son propre aphrodisiaque.

NOTES DE DALI A LA LECTURE DU MANUSCRIT DU PRESENT LIVRE

GALA

J'aime passionnément être dominé par Gala. Grâce à cette domination qui commença le jour où, arrivant de Corée du Sud et passant par Perpignan, elle vint me rencontrer, je suis en train de devenir l'archétype du Catalan prophétisé par Pujols quand il écrit :

« Nous ne le verrons peut-être pas, parce que nous serons déjà morts et enterrés, mais il est certain que ceux qui viendront après nous verront les rois de la Terre se mettre à genoux devant la Catalogne. Et c'est alors que les lecteurs de mon livre, s'il en reste encore quelques exemplaires, sauront que j'avais raison. Lorsqu'on regardera les Catalans, ce sera comme si l'on regardait le sang de la vérité ; quand on leur donnera la main, ce sera comme si l'on touchait la main de la vérité.

« Beaucoup de Catalans se mettront à pleurer d'allégresse ; il faudra qu'on essuie leurs larmes avec un mouchoir. Parce qu'ils seront catalans, toutes leurs dépenses, où qu'ils aillent, leur seront payées. Ils seront si nombreux que les gens ne pourront pas tous les accueillir comme hôtes de leurs demeures, et ils leur offriront l'hôtel, le plus beau cadeau qu'on puisse faire à un Catalan lorsqu'il voyage.

« En fin de compte, et à bien réfléchir, mieux vaudra encore être catalan que millionnaire. Les apparences étant trompeuses, même si un Catalan est plus ignorant qu'un âne, les étrangers le prendront pour un savant, portant la vérité à la main. Quand la Catalogne sera reine et maîtresse du monde, notre réputation sera telle, et l'admiration qu'on nous vouera sera portée à de tels sommets, que beaucoup de Catalans n'oseront pas dire leur origine et se feront passer pour des étrangers.

« Si quelqu'un s'étonne que la Catalogne qui, à côté des autres nations, n'a rien et ne représente rien, qui n'a pas le même minimum, c'est-à-dire l'indépendance politique, dont la décision ne pèse rien dans les conseils d'Etat, soit destinée à dominer le monde, si quelqu'un s'étonne donc, nous répondrons ceci : « Si l'on avait dit aux Romains, lorsqu'ils voulaient dominer la Judée, que les Juifs les domineraient à leur tour, ainsi que toute l'Europe et l'Amérique — qui n'avait pas encore été découverte — il est certain qu'ils se seraient mis à rire. »

Moi, Dali, je dis ceci aujourd'hui :

La pensée de Raymond Lulle et de Pujols dominera le monde. Mais plus encore celle de Dali qui est en train de devenir l'archétype richissime de Hermès Trismegistus, et le Catalan-type de Pujols, grâce à la plus gracieuse parmi les grâces, Gala, venue du Septentrion, héroïne indispensable, que ni Pujols ni Gaudi n'ont eue à leur côté, Gala qui, comme le crabe chinois, est partie de la Corée du Sud, passa par Perpignan, et atteignit la Méditerranée à Port Lligat !

LA MORT

J'avais laissé entendre, dans une première version, que la passion mort l'emportait sur la passion Gala.

Dali a écrit dans la marge :

Je crois que Pauwels se trompe sur les interactions des passions mort et Gala. Si, dans le visage le plus sublime où se produit la neuvième symphonie de l'*esfumatura* (Raphaël, Vermeer et Vélasquez) existe un point unique sur l'oreille, une gare de Perpignan microbiologique, c'est précisément ce point quasi invisible qui va vers le destin d'ECLIPSER A SON HEURE LE SOLEIL DEVORANT DE MA MORT.

(Dali emploie le mot esfumatura pour désigner la lumière qui nimbe les visages peints par Raphaël, Vermeer et Velasquez.)

LA GLOIRE

Ecoutez cette marche triomphale ! Après cela, lisez l'éloge de l'art militaire de Montaigne. Dégustez Messonier et Détaille et soyez certains : les structures militaires légitimes de la paranoïa-critique envahissent l'esprit de notre époque et seront la gloire de Dali et de mon corps glorieux Gala.

L'OR

Ici, Pauwels conclut d'une façon digne de Dali. Il invente que la croix de la sublime Catherine de Sienne était en or. Et ceci est, d'après Dali, aussi certain que le mètre-étalon conservé comme une idole en un alliage de platine. Sa section n'est pas en X, mais en une croix dont j'exige qu'elle soit appelée CROIX DE CATHERINE DE SIENNE. De même, parmi les cinquante noms que je continue à donner à ma passion pour Gala, le plus précieux est « MOE ZOLOTO », MON OR, en russe.

L'EROTISME

J'avais fait dire à Dali à propos de son projet de réécrire Les 120 Journées de Sodome *: « J'en ferai la saga de la chasteté, de l'abstinence et de la perfection spirituelle. Amen. » Réjoui par la lecture de ce chapitre, mais butant sur ce dernier mot, Dali a noté :*

Bravo, Pauwels. Une seule remarque : jamais encore Amen, et surtout pas pour l'érotisme qui est surtout dans ma vie « le plat des œufs sur le plat ». Ces plats doivent comporter des patterns superposés, des moirés psychédéliques, cybernétiques, hystériques, ésotériques. Leurs ornementations doivent s'entrelacer labyrinthiquement. Ces plats doivent surtout ne jamais être plats, mais bombés en bas-reliefs, en rond de bosse, excentriques, concentriques, convergents, divergents. Ces plats, — vous me voyez venir —, doivent être au maximum dématérialisés, spiritualisés. Mon érotisme : des œufs sur le plat sans le plat.

LA MONARCHIE

Dali, apolitique par excellence et par essence, s'endort tous les soirs bercé par le berceau de l'Histoire qui ne peut être, pour les humains, que la pulsation de la mémoire génétique : l'unité, la monarchie.

DIEU ET LES ANGES

Je décide de photographier Dieu lui-même. La tentative est aussi légitime que celle de tant de peintres, et surtout de Michel-Ange qui nous a légué un Dieu, espèce d'archétype très âgé, radical-socialiste, sorte de Jaurès auquel les pseudo-anges troubadours aux longs cheveux pré-mythiques, aux dentelles prémonarchiques, de la jeunesse d'aujourd'hui ne peuvent plus croire. En pleine Révolution Française, tout en exaltant la déesse Raison, on cherche à Perpignan le mètre, cette mesure universelle, établissant la démarche la plus métaphysique de l'humanité. Voyez le spectre du mètre dans les tableaux proprement appelés métaphysiques de Chirico, celui de Lorca, celui de l'Apocalypse, et celui que Dali va utiliser pour la photo mathématique de Dieu.

LA GARE DE PERPIGNAN

A propos de la citation de la préface du Livre muet des Alchimistes, où il est dit : « Il ne faut qu'être un Enfant de l'Art... » Dali a écrit :

Je ne prononce jamais à mon propos le mot enfant, seulement le mot nourrisson. Toutes mes connaissances, tous mes bits d'information, depuis le dernier excrément, doivent remonter cybernétiquement à Dieu en passant par le stade de pervers polymorphe du nourrisson que j'ai été, et de L'ALBINOS DIVIN vers lequel, à contre-courant, toute ma biologie coule paisiblement, à l'envers des fameux angoissants « Enervés de Jumièges. »

PASSIONS SUBSIDIAIRES, GOUTS ET DEGOUTS ANNEXES

Sur le travail :

Je travaille en bavant de satisfaction, et avec tous ces « Tours de France cyclistes » qui travaillent pour moi, c'est-à-dire la noosphère.

Sur la montagne :

Les montagnes, de loin, sont comme du Bach. De près, leurs rugosités sont comme les hémorroïdes du paysage.

Sur la gastronomie :

Dans tout repas important : la nuque protégée par de lourds rideaux, et le spectre de la mort de Marc-Aurèle.

Sur les enfants :

La tête trop lourde des petits enfants, aussi lourde qu'une rose trempée de rosée quand elle déchire, de son poids excessif, sa tige.

Sur les jeunes filles :

Les pédérastes, à l'inverse des jeunes filles, quand plus vierges, plus riches.

Sur l'orgasme :

Les pères de l'Eglise reconnaissent que les visions célestes et les extases des saints les mouillent.

Sur les livres :

Gala, liturgie vivante de nos livres sacralisés.

Sur le corps de la femme :

Le visage de la femme, pour être érotique, doit être supportablement désagréable.

Sur l'énergie interne :

Le meilleur de tous les phosphènes.

III

VINGT ANS APRÈS
OU
L'ADIEU A DALI

Que le temps nous tue, on s'y fait ; mais il assassine nos immortels, les grands hommes de nos belles années : leurs ailes, dont le divin battement soulevait notre vie, se replient définitivement, et nous restons seuls, à notre propre hauteur, attendant notre fin de monde.

Le destin m'accorda l'amitié de trois génies, pour autant que les génies aient des amis. Je m'émerveillais de compter en eux ; je me sentais riche d'avoir un jardin sur leur planète. De temps en temps je voyais le monde, grimpé sur les épaules de ces géants, de ces grands oncles fidèles mais voyageurs. Je descends ma route, je me retourne : ils sont morts. Leurs œuvres, qui m'accompagnent encore, sont des œuvres de morts.

Des trois, la planète-Dali fut la plus vaste, la plus abondante en trésors, la plus mystérieuse. Des trois, ce fut Dali que j'aimai le plus. Nous nous connaissions depuis trente-sept ans. Je viens de le quitter, vendredi dernier, à six heures de l'après-midi, en pleurant. Il n'est pas mort, sans doute, mais pire que ça. Je pense à l'agonie de Charles Quint au pourrissoir de Yuste. Quand l'empereur rendit le dernier soupir, une rose attardée en hiver fleurit et un témoin prononça : « Corps digne d'honneur, messieurs ». Méconnaissable, immobile, dans une robe blanche démesurée, comme un suaire d'apparat, Dali n'est certes pas mort, Dali ne veut pas mourir, mais il voudrait être mort, mort de ne plus peindre, mort de la mort de Gala. Lui qui me disait avec véracité, de sa voix où bondissaient des rocs : « Je suis la demeure d'un génie », il a quitté sa demeure.

« Qu'il ne nous arrive jamais ce qui nous est arrivé avec Picasso », a dit le roi Juan Carlos. Que l'Espagne garde son fils. Alors commença la réhabilitation de la figure et du patrimoine de Dali.

En 1981, Dali avait soixante-dix-sept ans, Gala quatre-vingt-onze. Ils revinrent pour toujours dans la région de l'Ampurdan. Je ne connais rien de plus concentrique que la vie de ce grand excentrique. Fuyant le monde et son théâtre, dont il fut vedette, il se réfugia dans sa maison de Port Lligat, source de ses inspirations. Un proverbe espagnol dit que le lait qu'on a sucé enfant se répand dans le suaire.

Mais soudain sa surpuissance se changeait en impuissance lucide. L'avalanche de l'âge, qu'une grippe avait déclenchée, s'abattait, l'ensevelissait. « Je ne comprends pas, disait-il, avant j'étais jeune, maintenant me voici avec cinquante ans de plus ». Sa main extraordinaire s'était mise à trembler. Ou bien il s'était mis à faire trembler sa main, par vengeance, car nul médecin ne décela de Parkinson. Elle cessait de trembler lorsqu'il s'acharnait à peindre, peu, et en exil du génie. Il se jetait à terre de désespoir. Il ne voulait plus se porter, n'étant plus porté par les dieux. Il ne voulait plus déglutir, ne buvant plus d'ambroisie. Il avait achevé son tombeau : le musée-théâtre de Figueras, sa ville natale ; le plus grand objet surréaliste du monde, où sont rassemblées quelques-unes de ses œuvres majeures, dans le désordre organique de ses phantasmes matérialisés. Il déclinait, mi par la force des choses, mi par sa volonté furieuse, tandis que l'Espagne exaltait son œuvre et sa figure.

La généralitat de Catalogne lui décerna la plus haute récompense en 1982 : la médaille d'or, avec ce texte magnifique :
« Salvador Dali, au-delà et en marge de toute considération, est un des génies paradigmatiques de l'art du XXe siècle, un de ces événements qui jalonnent l'histoire des arts plastiques de tous les temps. Sa figure dépasse le mouvement esthétique du surréalisme. Avec son goût de l'extrême et du polémique, avec son esprit, ses refus, ses angoisses, Dali a su créer une œuvre unique.
« Mais, hormis ces considérations personnelles, l'œuvre de Dali reste, de façon consciente ou inconsciente, une indéniable tentative de traduction d'une racine catalane éclatant de multiples symboles extraits de sa terre, tous portant la marque de l'horizon — tant chéri par l'artiste — du bleu méditerranéen de l'Ampurdan.
« Pour tout cela, et parce que Dali, ce fils de la tradition catalane, a su se métamorphoser en une des plus grandes figures de l'art, notre plus haute institution du gouvernement veut aujourd'hui manifester publiquement l'admiration de toute la Catalogne pour son œuvre, pour cette patrie intérieure du patrimoine universel qui reste et doit rester, par-dessus tout, le partrimoine du peuple catalan ».

Le roi Juan Carlos signa, dans la même année, l'ordonnance suivante :

« Eu égard aux mérites et aux circonstances de la vie de l'extraordinaire peintre Salvador Dali Demenech, dont l'œuvre constitue une des plus éminentes constructions de notre temps, comme preuve de ma royale appréciation de sa personne et en guise de reconnaissance pour son apport à la culture espagnole du XXe siècle, je lui confère le titre de marquis Dali de Pubol, à lui et à ses descendants, et j'exempte sa création de droits fiscaux lors de la première transmission. Ainsi je décide par le présent décret royal » (20 juillet 1982).

Je rapporte ces célébrations pour faire saisir que Dali est aujourd'hui, à quatre-vingt-trois ans, la figure emblématique du génie espagnol, tandis que des intérêts énormes secouent, dans le monde, des dévorants (quatre cents millions de dollars par an dans l'industrie des faux Dali), que trois cent mille visiteurs assaillent son théâtre-musée depuis l'inauguration, et que, dans une pièce sans meubles, accolée à ce musée, il meurt comme un roi sans divertissement.

Le 10 juin 1982, on entend un cri dans la chambre de Dali. On entre. Assis sur son lit, Salvador fixe, les yeux éteints, les yeux en amande figés de Gala. On transportera aussitôt la morte, roulée nue dans les couvertures, entourée de coussins, heurtant les portes de la vieille Cadillac dans les virages, jusqu'au château de Pubol. Elle y repose dans une crypte, gardée par un cheval de plâtre grandeur nature, des statues d'hommes nus et de girafes à la tête en flammes.

Le jour même, Dali quitte la maison de Port Lligat à jamais, et se réfugie au château.

Ce furent deux années terribles, où, torturé, il torturait son entourage, le battait pour refuser la nourriture, s'effondrait au sol, exigeait l'obscurité, tentait encore de peindre, jetait ses pinceaux, et ne prononçait plus jamais le nom de Gala. Il décourageait les neuropsychiatres. Il ne présentait aucun signe clinique réel de délabrement.

Le plus grand des spécialistes consultés ne sut que conclure : « Il est bizarre ». Fabuleux diagnostic ! Dali se ruinait par volonté, surnaturellement.

Le 30 janvier 1983, après une nuit blanche, il décida de ne plus se lever, de ne plus marcher, de ne plus manger. On le transportait sur un fauteuil : il s'en laissait tomber. On devait l'attacher avec des draps pour pratiquer des perfusions. Il pesait quarante-six kilos. De son lit, il sonnait toutes les trois minutes les infirmières, les domestiques, pour rien, pour jouer avec des ombres d'êtres. Il avait quitté son corps. « Le sexe est une croix sur laquelle, heureusement, on n'est pas attaché toute la vie » avait-il dit.

Il s'était descendu lui-même de la croix de sa carcasse qu'il laissait se souiller. Il ne vivait plus que dans la bulle de l'esprit, qui crevait de temps en temps et se reformait. Un de ses inutiles médecins disait : « N'importe qui possédant la force de Dali escaladerait des montagnes. Lui, il n'y a pas moyen de le faire tenir sur une balance, ne serait-ce qu'une demi-minute ».

Il se faisait lire des textes scientifiques, notamment les œuvres du mathématicien René Thom. Le soir, il tentait de s'endormir en écoutant des cassettes : le Danube Bleu, des tangos de Carlos Gardel et cette ouverture de Tristan et Yseult que nous écoutions naguère, sur la terrasse de Port Lligat, au jour tombant, à l'heure du champagne rosé et des visiteurs insolites.

C'est le 30 août 1984 qu'il provoqua un court-circuit en pressant sa poire d'appel ; son lit et sa chambre brûlèrent. On le retrouva étendu sur le sol dans la fumée, des brûlures graves aux jambes. La presse accusa ses proches de séquestration. Mais c'était lui qui séquestrait ses dévoués, s'étant reclus avec eux par chagrin d'amour et nostalgie de son génie.

Quand il sortit de la clinique de Barcelone, à l'automne, il se fit transporter à Figueras, dans la tour qui jouxte son musée, siège de la fondation Gala-Salvador Dali, et qu'il baptisa Tour Galatea, « en l'honneur de toutes les énigmes ». On l'alimentait désormais par une sonde nasale, et il entrait dans le silence, la voix devenue inaudible, sauf pour son entourage quotidien qui comprend les mots dans ce souffle qui ne remue pas les lèvres, cette ventriloquerie évasive.

La tour de toutes les énigmes est gardée jour et nuit. Dali ne reçoit plus. On dit que ses ultimes familiers le tiennent jalousement isolé. Mais c'est lui qui est abandonné, s'étant abandonné à l'océan de sa tristesse, de sa pensée passagère, de sa colère de n'être plus qu'à peine.

C'est à l'étage de cette tour que je suis venu lui dire adieu. Adieu ? Je ne sais pas. Comment la vie, quel vol exceptionnel d'énergies papillonnantes fait-elle dans les cellules de celui qui écrivait : « J'ai promis à Pauwels de photographier Dieu » ?

Il faisait beau sur Figueras. Le ciel métallique de l'Ampurdan préparait la tramontane et, à l'horizon de la plaine, brillait la Sierra de Rosas qui descend vers Cadaquès, la mer et les rochers du cap Creus où le vent a sculpté des songes.

Tout de suite, on aperçoit la coupole de verre et de métal, ainsi que les œufs monumentaux qui surmontent le musée Dali construit à partir de l'ancien théâtre de Figueras. Le mur énorme du musée, peint à l'ocre rouge, est piqueté de pains catalans en forme de tricornes. Dans ce musée, le plus fréquenté après le Prado, on peut voir, entre autres rêves figurés, le lit romantique de la Castiglione au chevet duquel veille debout un squelette de gorille aurifié, et, sur une haute colonne faite de pneus, la barque renversée sur laquelle nous allions, de la rive de Port Lligat au Cap, pêcher les gras oursins de l'automne ; l'eau bleue s'en écoule en stalactites de stuc. Là s'amoncellent mille merveilles dans un génial désordre aimanté par quelques-uns des plus beaux tableaux de Dali. Son âme tout entière est à consommer fraîche avec des œufs et du pain catalan.

Sur la place, où des boutiques de piété dalinienne vendent les produits Dali (reproductions, lithos, mais aussi tee-shirts, parfum griffé, etc.), sont érigées trois statues géantes, l'une de Meissonier, la seconde de Francesco Pujols, le philosophe catalan qu'admira Dali, qui croyait aux anges et à la Catalogne centre du monde, et qui fut le continuateur de Raymond Lulle ; la troisième, exécutée par Dali lui-même, à la gloire de Newton et de la gravitation universelle. Les cars de Barcelone amènent des visiteurs du monde entier.

Dans le secret et le silence, survit le roi de cet univers, tragiquement insoupçonné, au premier étage de la tour aux portes closes. Dali a voulu qu'il soit « impossible d'entrer dans la caverne des énigmes, sans l'autorisation morale de Gala, à tous ceux qui n'auront pas connu son héroïsme : ma vie ».

Au bruit du heurtoir et à ma vue, le garde en uniforme ouvre la porte cochère. Depuis deux jours, on prépare Dali à ma visite. Un sombre escalier de pierre. Sur le palier de dalles tristes s'ouvrent la salle des infirmières, deux bureaux secs, une grande salle de réunion aux murs blancs, à cheminée de château ; une table d'assemblée couverte de velours rouge, des chaises de paille, les deux derniers tableaux qu'il fit à Pujols, et qui ne sont rien ; un souvenir crispé.

Robert Descharnes, son fidèle depuis les années 50,

et le peintre Antoni Pitxot m'accueillent. Pitxot, d'une famille patricienne et artiste qui eut une grande influence sur Dali jeune, vient tous les jours de Cadaquès rendre visite à Dali ; la route est longue et difficile. C'est lui qui aida Dali à établir son musée ; c'est lui le confident, l'indispensable à la survie. Descharnes administre le patrimoine dalinien à l'étranger, combat les faussaires et vit deux jours par semaine à Figueras.

L'avocat Domenech se rend parfois à la tour. Arturo, qui entra au service de Dali à seize ans, vit ici avec son épouse. Il y a également Maria Térésa, la secrétaire, qui fait la lecture, une blanchisseuse, et six infirmières, qui se relaient jour et nuit à la porte de la chambre, et le nourrissent toutes les trois heures par la sonde nasale.

Nous avons attendu qu'il se réveille, qu'on l'habille et qu'on l'installe dans son fauteuil. Il était cinq heures de l'après-midi. Des coups de tramontane ouvraient parfois brutalement une porte dans la salle de conseil. Descharnes se rendait dans la chambre, revenait. Enfin, il me dit que je pouvais entrer.

Mon Dieu ! Dans un silence de crypte, Dali, que je n'avais pas revu depuis vingt ans, est ce grand vieillard dans son fauteuil, le dos à la fenêtre, vêtu d'une immense robe blanche qui s'étale au sol et qui recouvre une chemise andalouse à jabot de dentelle ; les yeux, que je connus escarboucles et qu'il écarquillait pour les photographes, comme deux gouttes d'eau noire trouble ; la bouche distendue, une sonde dans la narine, de rares cheveux blancs, un reste de moutache, et la main droite follement agitée sur sa cuisse. Il me regarde, muet, et nous demeurons un long moment dans ce silence, tandis que je découvre la chambre : rien, un petit lit couvert d'étoffe bleue, un plafond boisé, des tentures 1900, deux fauteuils de chaque côté du sien. Par la fenêtre, au jour tombant, le mur antérieur du théâtre-musée, en vieilles pierres rouges couvertes d'un peu de lierre, où il doit voir des formes mouvantes. Cette main que j'ai vue peindre et dessiner en éclair, les doigts soudés, frotte la robe, et je n'ose pas sourire à ce visage d'emmuré. Je ne sais au bout de combien de temps, Pitxot et moi nous assîmes auprès de lui. Il avait demandé que j'aie une photocopie de la lettre que lui écrivit, voici deux ans, le grand savant Prigogine. En 1985, se tint dans le musée un symposium de physiciens que Dali suivit en vidéo de sa chambre, et il avait dicté à Pitxot, de son incompréhensible voix, une lettre à Prigogine à laquelle celui-ci répondit. Je tenais la lettre de Prigogine dans ma main.

Il se met à parler. Des sons de gorge sortent de sa bouche fixe d'où coule une épaisse salive. La première chose qu'il me dit, traduite par Pitxot penché sur son visage, c'est :

— L'âme est immortelle.

Puis il ajoute :

— Si l'espace-temps est courbe, pourquoi ne se souvient-on pas du futur ? Ce serait immensément important. Sartre l'a deviné avant de mourir.

C'est affreusement étrange, cette pensée et cette mémoire vivantes, dans un corps qui n'est plus, à travers une voix sous une dalle.

Je lui lis cette lettre de Prigogine. Il écoute, sans regard :

« Permettez-moi d'ajouter que votre conception de l'espace-temps est, d'un certain point de vue, plus actuelle que celle d'Einstein. Dans l'œuvre d'Einstein, on spatialise le temps. Vous, au contraire, vous temporalisez l'espace et je crois comprendre que le temps, dans votre œuvre, est intrinsèque aux objets et non pas ajouté, comme de l'extérieur, à des objets éternels. Je vous envoie mon souvenir admiratif et amical. Signé : Prigogine. »

Sa main tremble un peu moins. Il la soulève pour faire signe à Descharnes. Il veut que l'on place à côté de nous un montage photographique où l'on voit Dali et Gala. Il veut que ce montage figure sur la photographie que fera Descharnes de notre rencontre.

Il ne dit plus rien. Le flash le fatigue. Il dit que ça suffit.

— Dali, que veux-tu encore confier à Pauwels ?

— Je suis plus que jamais monarchiste. Le roi Juan Carlos gouverne avec des républicains. Sans lui, ce serait la guerre civile. Franco a été un génie.

J'évoque un souvenir du temps où, tandis qu'il peignait à Cadaquès La Pêche au Thon, il préparait avec moi ce livre.

Il dit, presque distinctement :

— C'est le meilleur livre jamais écrit sur moi.

Cela lui rappelle le chapitre qu'il m'inspira sur son extraordinaire et hyperlogique vision de la gare de Perpignan, symbole de son génie concentrique. Il dit encore :

— La gare de Perpignan est toujours le centre de l'univers.

Puis nous rentrons dans le silence. Il est non loin de six heures. Il lève encore sa main calmée, et je crois entendre :

— Ami Pôbelss, embrassez-moi.

Mais je n'y crois pas, tant je l'ai connu répulsif à tout contact.

— Fais-lui le bisou, me murmure Pitxot bouleversé, ne trouvant plus ses mots.

Il met sa froide main dans la mienne, et je baise ce front qui contient de l'immortel. Puis nous demeurons ainsi, main dans la main. Je ne sais comment le quitter. Je marche à reculons en levant les bras vers lui. Il nous regarde partir, l'œil peut-être hagard, les coudes sur les coussins, dans sa grande robe blanche qui cache un corps qu'il ne veut plus connaître. Je pleure.

Il y a vingt ans, un matin dans son atelier, je lui lisais ce passage de Blanc de Saint-Bonnet : « Un jour, les mondes se dissoudront, et il n'existera plus que les âmes. De l'être créé, il restera le mérite, étoile incandescente qui doit briller dans les cieux. »

(Novembre 1987)

TABLE DES MATIERES

Contact presse :

Hugo Paulin

Thierry Moreau

Cet ouvrage a été réalisé sur
Système Cameron
par la SOCIÉTÉ NOUVELLE FIRMIN-DIDOT
Mesnil-sur-l'Estrée
pour le compte des Éditions Ergo-Press
le 17 mai 1989

Imprimé en France
Dépôt légal : février 1989
Nº d'édition : 086/89 – Nº d'impression : 12148